✦ 龍の後押しを受け取る ✦

『龍神ご縁御守り』

切り取って、お守りとしてお使いください。
お財布や手帳に入れて持ち歩くと、
パワーがアップします。

illustration　立原圭子

裏面には、願い事を書き込んでみましょう。
「なりたい」ではなく「なる」のように、
完了形で書くと叶いやすくなります。

龍の後押しで、
お金と幸運を受け取る

大杉日香理

三笠書房

PROLOGUE

龍は、あなたの成長を助けてくれる存在

古くから神話や伝説のなかに、たびたび登場する龍。

その姿形から、また、人々に恐れられる存在として描かれてきたことから、龍というと怖いイメージを抱いている人も多いでしょう。

しかし、本当は、私たちを助けるために常に寄り添いたいと思っている「親友」のような存在。

いい子にならないと龍に嫌われる、などということはなく、どんな感情があっても、それらを含めて〝自分を知ろう〟とする人に伴走してくれる、優しくて頼りがいのある心強い味方なのです。


いったいなぜ、人間に寄り添ってくれるのでしょうか？

それは、人間は地球に多大な影響を与える存在だからです。

龍は、地球という生命体を守る仕事をしていますが、人間を助けることは地球を助けること、そして、人間の成長を促すことは地球そのものの成長を促すことになると知っているのです。


私たちが成長するためには、課題を乗り越えていけるよう、人間のコーチとして龍がついてくれています。

龍は、一人ひとりに見合った課題を出して、その課題を乗り越えさせることで、次のステージに連れていってくれるのです。

だから、チャンスがきたら、龍がくれた課題だと思い、おじけづかず、向き合ってみましょう。


変化を恐れる必要はありません。失敗してもチャレンジする人に、龍は幸せと豊かさを運んできてくれるのです。

「龍神」と「龍」の違いとは?

龍というと、二本足で立つ西洋のドラゴンをイメージする方もいるかもしれませんが、本書で説明する龍とは、神社の本殿などに彫刻されている、蛇《へび》のように長くて角《つの》の生えたあの龍です。

ところで、龍とは何ものでしょうか?

正確に言うと、「龍神」と「龍」に分かれます。

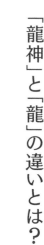

龍神とは、神様の一種で、人間の変化、成長を促すセクションをまかされている生命体。

アマテラスオオミカミ、コノハナサクヤヒメなどの神様が、人間を温かい目で見守る母親のような存在だとすれば、龍神は、お尻をたたきながらも愛を持って指導するコーチのような存在です。

龍神や神様には、手となり足となって働く多くの部下がいます。龍は、神様である龍神の部下で、実際にご縁をつなげてくれたり、願い事を叶えてくれたりする実働部隊です。

神様と龍神、龍の関係

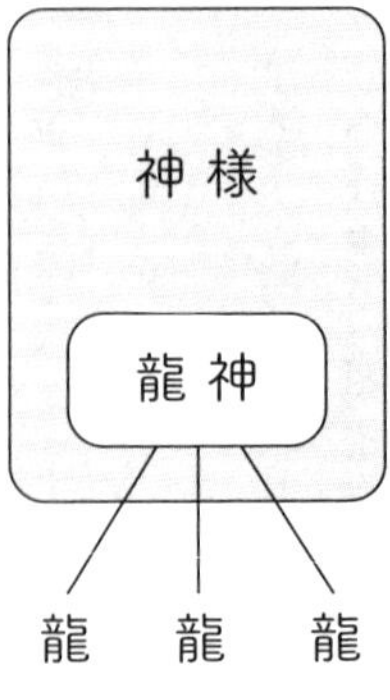

龍神や龍の棲《す》む場所は、人間とは違う次元です。人間よりも高次元からやってきて、私たちの変化、成長を促すようサポートしてくれているのです。

（本書では、龍神と龍の両方をさすときは、「龍」と記します）

龍の運気に乗ると、人生が好転する！

では、龍の後押しを得るにはどうしたらいいでしょうか？

それは、龍のつくる運気に乗る必要があります。

龍は地球という生命体を最良の流れに乗せるため、運気という流れをつくり出しています。その流れに乗ることで、必然的に運がよくなるのです。

龍は、地球をよくするために、すべての人間に対して、運気に乗ってほしいと思っています。

しかし、準備ができていないと、運気に乗ることができないので、残念ながら、働きかけをやめてしまうのです。

そこで本書では、龍の運気に乗って人生を好転させるためのいろいろなワークを紹介していきます。

日常のさまざまなシーンで、龍を感じながら過ごすことにより、目に見えない力と常に協働していることを自覚するでしょう。

すると、この世界を創っているのは「自分」という意識になっていきます。

一人ひとりが自分の人生に責任を持つという意味で、「リーダーシップ」がとれるようになってくるのです。

意思決定できる人には、龍のサポートがたくさん入るようになるので、一気に、人生が変わり出します！
そのときを楽しみに、ワークを継続してくださいね。

「風の時代」に問われる「感じる力」

2020年以降、200年続いた「土の時代」から「風の時代」にシフトし、これからを生き抜くポイントが大きく変わりました。

肩書やお金といった目に見える物質的な力をつけることが生きやすかった「土の時代」から、自分にとって心地よい生き方とは何か、その上で、どうしたら周囲の人たちとも良好な関係を築いていけるのかといった「考える力」が問われるようになっているのが「風の時代」です。

考える力の土台となるのは、「感じる力」です。

いにしえの人たちは、現代の私たちよりはるかに五感が優れていました。

農作物を無事収穫したり、川の氾濫などから命を守ったりするために、空気のにおい、風の強さ、雲の流れなどで、自然を読み取る必要があったからです。

彼らは、こうした自然の流れそのものを「龍」ととらえていました。つまり、鋭い五感を持ち、流れを意識することで、龍からのエネルギーを受け取っていたのです。

本書には、私たちのなかに眠っている「感じる力」を呼び覚ますワークもたくさん紹介しています。

日常のなかで五感を意識しながら磨いていくことで、チャンスをつかめるようになったり、自然なコミュニケーションがはかれるようになったりしていくでしょう。

これからは、五感を磨き、考える力を高めていくことが重要な時代。今自分は何を感じているのか、そして、現実のなかでどのように折り合いをつけて生きていけばいいのかといった、思考と感性のバランスが大切です。

その時々で流れを読みながら、自分の感覚を意識することで、お金、健康、仕事、人間関係など、あらゆる面で龍の後押しを受け取れるようになります。

龍の後押しが入る「7日間のワーク」

まずは1週間、徹底的に龍を身近に感じて過ごしてみましょう。
龍に意識を向けることで、龍の後押しが強力に入るようになるでしょう。
それを実感できるように、この本は7日間で構成されています。
龍の後押しを実感することで、確実に、龍の存在を確信できるようになっていきます。

まず初めは、金運アップの方法からお伝えしています。
1日目は、龍を味方につける「お財布」で金運アップする方法。
2日目は、龍に愛される「金運体質」になるための方法。

2日間かけて豊かさの本質を知ることで、龍は惜しみなくお金を運んできてくれるようになるでしょう。

続いて、3日目は、龍が集まる住空間のつくり方。

4日目は、呼吸法や瞑想、入浴、睡眠を通して龍のエネルギーを取り入れる方法。

5日目は、自然のなかでの龍の見つけ方。

6日目は、龍神に願いを届ける神社参拝法。

そして最終日、7日目は、龍が手放したくない人になる「龍神思考」のつくり方をお伝えしていきます。


さまざまな角度から、たくさんのワークを紹介していますので、できるところから取り組んでみてください。

本書を読み終えた頃には、龍の運気に乗って、すいすいと幸せな世界へ加速していることでしょう。

もくじ

プロローグ

DAY 1
龍の金運アップが得られる「お財布術」

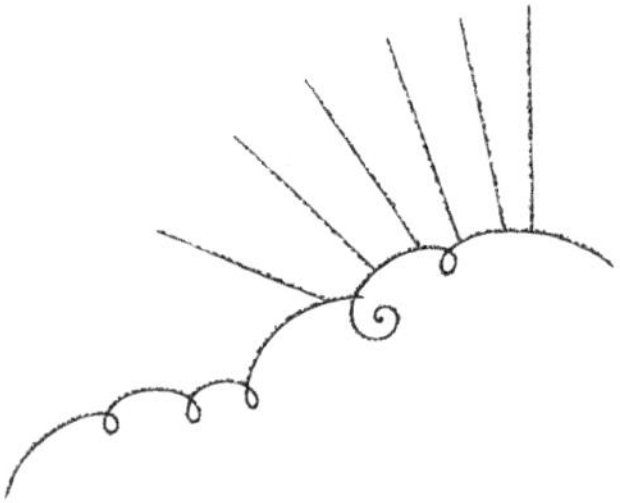

DAY 2
龍に愛される「金運体質」のつくり方

DAY 3
龍が訪れたくなる招福の「空間づくり」

DAY 4

龍のエネルギーを入れて体と心を「整える」

DAY 5 龍と出会い、龍とつながる「自然観察の方法」

DAY 7 龍が手放したくない人になる「龍神思考」

本書だけのスペシャル特典

特別動画

『運気アップの秘訣！ 龍神とつながる神社参拝のポイント』

を観ることができます！

QRコード読み取りアプリを起動し、QRコードを読み取るか、

もしくは下記URLからアクセスしてください。

https://atea.jp/information/mikasa-ryu/

パスワード：dragon1128（半角英数字）

編集／RIKA（チア・アップ）

本文イラスト／ナツコ・ムーン

本文DTP／フォレスト

DAY
1

龍の金運アップが得られる「お財布術」

龍は「想像を超えるお金」を流してくれる

お金のことで悩むことなく生活したい。
もっと収入をアップさせたい。
自由に使えるお金を手にして豊かに暮らしたい。

私は、神社参詣を通して龍神たち、神様方とお付き合いしながらご縁をつなぐ「神旅®」を主催していますが、参加される方の多くが「金運アップ」を願われます。実際、お金がないと何もできない世の中ですから、「お金が欲しい」と思うのは、卑《いや》しいことでもなんでもなく、当然のことでしょう。
でしたら、龍におまかせあれ！

龍にとって、**金運アップは得意中の得意。龍が与える課題をこなしていく人には、成長資金としてお金が流れ込むようになっている**からです。

そもそも龍は、自分をもっと成長させたい、という人が大好きです。そのような人にお金を手渡せば、世のため、人のためにお金を回しながら、その人自身の成長も促すことができるので、龍としては、どんどんお金を渡したくなるのです。「龍からサポートされること」と「豊かになること」は、イコールなのですね。

そこで、第1日目のワークは、金運アップに欠かせないお財布について説明します。毎日使うお財布だからこそ、龍を味方につけて豊かさを運んでくれるアイテムにしたいですよね。

龍が運んでくる豊かさとは、今のあなたには想像できない世界です。**龍は、人間の想像をはるかに超えるものを運んできてくれる**からです。

まだ見たことのない世界。もしかしたら、これまでお付き合いしてきた人とは縁が薄れ、新しい人たちとの関わりが増えるようになるかもしれませんし、全く別の立ち位置で仕事をしているかもしれません。いずれにせよ、新たな世界で、目の前が開けるような豊かさを享受するでしょう。

夢物語だと思いますか？

いいえ、あなたが望めば、いくらでも豊かな世界を見ることができるのです。

さあ、龍に愛されて豊かな人になる旅の始まりです。

龍が「お金を預けたくなる人」とは？

あなたのお財布は、人に見せられる状態ですか？

汚れていたり破れていたりする、レシートがぐちゃぐちゃに入っている、小銭やポイントカードでパンパンになっている、いくら入っているのかわからない……。恥ずかしくてとても見せられない、という人も多いかもしれませんね。

自分のお財布は、誰にも見られていないと思っているかもしれませんが、龍はよく見ています。お財布をどのように扱っているかで、その人のお金に対する関心の高さがわかるからです。

お金を丁寧に扱う人は、お金を入れるお財布も丁寧に扱っています。そうい

う人には、龍も安心してお金を預けることができます。世のため、人のため、そして自分の成長のために、お金を使ってくれることがわかるからです。

一方、整理整頓されていないお財布の持ち主に、「もっとお金が欲しい」と言われても、龍は信用できません。お財布を粗末に扱う人は、お金に無頓着な人なので、「この人にお金を預けたら、いつの間にか散財してしまう」と思うからです。

金運アップを望むなら、龍がお金を預けたくなるようなお財布を持つことが重要です。

◎お財布は「人から見られるもの」

お財布は龍から見られていると言いましたが、実は龍だけでなく、人からも見られています。

お店でお金を支払うとき、店員さんはお客様のお財布をよく見ています。オシャレな人は靴のかかとを磨くなど細かいところまで気を使うように、お財布に気配りができる人かどうかで、お金に対する関心度がわかるからです。

とくにブランド店や高級レストランなどの店員さんは、どのようなお客様なのかを把握するためにも、お財布の質、状態、そして開いた中身までよく観察しています。

実は、**「お財布は人から見られるもの」という意識が芽生えると、入ってくるお金の量が格段に増え始めます。「自分で好き勝手に使えるお金」という意識から、「社会から預かるお金」という意識に変わる**からです。

そう自覚できると、いいお金の使い方をして社会を豊かにしよう、と思えるようになるので、適正なところに投資し、自分を楽しませるために使って心を豊かにし、感謝をしながら生活費を出せるようになるのです。

すると龍は、「この人は自分だけでなく、自分以外の人やものにも意識が向く人なんだ」と思うので「大きなお金をまかせてみよう！」となるわけです。

お金に対する意識がもっともあらわれるもの、それがお財布なのです。

お財布のレベル感と自己評価は比例する

お財布は、お金のおうちです。私たちも家は心地いいほうがいいように、お金も心地いいお財布を好みます。**心地いいお財布にすることは、龍にしてみれば「お金を大切にする人なんだ」と解釈する**ので、金運もアップしていくのです。

では、どんなお財布がお金にとって心地いいのでしょうか？

大前提として、お財布はころころ変えるものではなく、丁寧に扱えば長く使えるものを選ぶのがベスト。できれば**皮製品の長財布で、マチが広め、お金がしっかり入る、品のいいもの**がいいでしょう。

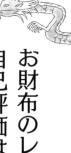

不思議なもので、お財布にどれくらいお金をかけられるかで、自分自身に投資できるレベルが決まります。いいお財布を持つと、「自分はこれだけのお財布を持つ価値がある」と思えるようになるので、使う額も大きくなり、それだけ大きな循環を起こせるようになるのです。

とはいえ、無理する必要はありません。人にはホメオスタシス（恒常性《こうじょうせい》を保つ機能）があるため、大きな変化をしようとするほど抵抗する気持ちが湧いてきて、チャレンジすることに恐れを抱くようになるからです。抵抗にあわないように、ちょっと背伸びをすれば買える程度のお財布で大丈夫です。

最初は、背伸びした分、そのお財布を見るたびにドキドキするでしょう。でもいつの間にか、**「自分はこれくらいのお財布を持って当然」と思えるようになるので、お財布に常備する金額が変わってきます。**今まで1万円常備していた人なら、3万円常備が当たり前に、3万円常備していた人なら、5万円常備が当たり前になるでしょう。

だからといって、散財するわけではありません。これまでは、安いものを見ると、そんなに欲しくなくてもつい購入していたのが、値段に関係なく本当に欲しいものを吟味《ぎんみ》して買えるようになるのです。

本当に好きなものを手に入れるとき、人は豊かさを感じることができるので、「お金は自分を幸せにしてくれるアイテムだ」と心から思えるようになります。するとお金に対するリミッターが外れ始め、龍からの課題がやってくるのです。

その課題とは、本当にささいなことです。

たとえば、今まで1足5000円以内の靴にしか目がいかなかったのに、1足1万円の靴を買いたくなったりします。最初は、躊躇《ちゅうちょ》しますが、多少高くても履き心地もデザインもいいほうが嬉しいし、「自分は、その靴に見合うだけの価値がある」と思えるので、1万円の靴を買うという課題を乗り越えることができるようになるのです。

職場にその靴を履いていくと、いつもより自信にあふれ、なんだか気持ちも前向きに。そんなあなたの様子を見た上司が「このプロジェクトのリーダーになってみないか？」と白羽《しらは》の矢を立ててくれて、昇進の機会を得るといったようなことが現実に起こり出すのです。

お金に対する意識が変わるだけで、行動が変わり、それに見合う出来事や人との出会いが用意されるようになるのです。

なんだかワクワクしませんか？

お財布を買うときは、少し背伸びしたものを購入しましょう。お金に対する意識を変えるために、とっても大切なことです。

「お金がどんどん入るお財布」の色とは?

お財布を買い替えるとなると、気になるのは色。金運を上げたいなら黄色やゴールド、赤色は散財するのでよくない……など、いろいろな説がありますが、実際のところはどうなのでしょうか?

龍いわく、**「自分が今欲しい色を選ぶのが一番」**。私たちは、雑誌やネットなどにあふれた情報を見て判断しがちですが、もっとも大事なことは、自分で意思決定することなのです。

「今欲しいな」と思う色は、間違いなく今の自分にとって必要な色。なのに、情報にばかり頼ってしまうと直感が鈍り、自分で感じる力を弱めてしまいます。

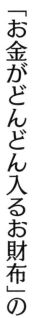

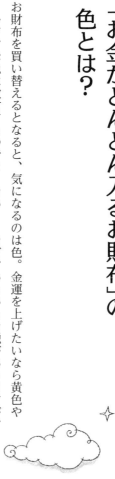

龍は、意思決定できる人が大好きです。自分で決められる人は、他人のせいにしないからです。人生で何があっても「自分で選んだ」ことの責任をとれるので、周りからも信用されるようになり、お金も循環するのです。

だから、どんな色のお財布を選んでも、失敗はありません。**今、自分が一番しっくりくる色は何かを感じてください。その色を足すことで、よりよい方向にあなたをチューニングしてくれる**のです。

◎お財布の色に込められたメッセージ

自分の感性に従って、今欲しい色のお財布を選ぶのが大前提ですが、その上で、色にどんな意味があるのか、代表的な色について見ていきましょう。

●**赤**……エネルギッシュなタフさを与えてくれる色。気合いが入っているときでないと、なかなか取り入れる気分になれないでしょう。もし「赤色のお財布が欲しい」と思うのなら、**今まさに動くべき時期がきているよ、というサイン。**そのタイミングを逃さず、赤色のお財布を買いましょう。自分がタフであれば、使うべきところにお金を使い、しっかり投資できるので、赤色のお財布を持っても散財にはなりません。

●金・黄色……稲穂が実ると田んぼが一面黄金色になるように、金色や黄色は収穫のエネルギーを持つ色。これまで種をまいてきたものが育ち、これから収穫時という場合に、ぴったりの色です。出費も激しくなりますので、人のため、**社会のためにどんどんお金を使っていける体力のある人には、おすすめ**です。

●黒……土台となるように、しっかりと根づくエネルギーを持つ色。**これから何かを始めて育てていきたいときや、お金を貯めたいとき、資金をつくりたい**ときなどに。

●ベージュ（もしくは、茶色）……土の安定感と、落ち着きを感じさせ、他を引きたてるエネルギーを持つ色。**誰かをサポートしたり、マネジメントしたりするためにお金を使うと、**力を発揮します。

●青・水色……空や海を思い出すように無限の広がりを感じさせ、冷静に集中できるエネルギーを持つ色。**天命、天職に従ってお金を循環させたいとき、意思決定しながらサポーターを増やしたいとき**などに最適です。

●ピンク……優しく包み込むような女性的なエネルギーを持つ色。**安心感を与えたいとき、対人関係を良好に保ちたいとき、より魅力を開花させたいとき**にぴったりです。

◎いいお財布に巡り合えないとき

お財布を買い替えたいけれど経済的な余裕がなくてお財布が買えなかったり、忙しすぎて買いに行けなかったり、しっくりくるお財布に巡り合えなかったりすることもあるでしょう。

そんなときは、応急処置として、取り入れたい色の折り紙や色紙を名刺サイズに切って、本書の付録『龍神ご縁御守り』と一緒に、今使っているお財布のなかに入れておきましょう。すると、その色のお財布と同じ効果があらわれます。

大切なのは、お財布に常に意識を向けておくこと。お金に関心を持ち、丁寧に扱っていると、龍はあなたにぴったりのお財布に必ず出会わせてくれるようになるのです。

「人生を変えたい！」ときに持つべきお財布とは？

新しいことに挑戦してみたい！
新たな出会いを探したい！
もっと自分らしく生きたい！

人生のなかで、これまでの自分から一歩踏み出して、変化したいと感じる時期もあるでしょう。そんなときは、お財布を替えるのがおすすめです。しかも、パンチの効いたお財布に。

パンチの効いたお財布とは、ちょっと個性的なデザインなど、遊び心のあるようなもの。いつもなら選ばないような、少し派手なデコレーションがついていたり、かわいすぎたり、逆にモードすぎたり、なんてのもOKです。

「これまでと違う生き方をしたい！」と思うとき、私たちはさまざまなものを変えたくなります。たとえば、洋服、バッグ、靴、アクセサリーなど身につけるものから、髪型、メイク、行ってみたいレストラン、街、旅行先、趣味まで、ガラリと一変させたくなるような経験をお持ちの人もいるでしょう。

しかし、その気持ちだけが先走りしてしまうと、どんなファッションにしたいのか、どんな物を持ちたいのか、どんな場所に行きたいのか、どんなことをしたいのかがわからず、方向性が決められないことも往々にしてあるものです。

そんなとき、パンチのあるお財布を持つと、「これ！」というものに出会いやすくなります。**お財布を替えることで、龍はこれまでと違うエネルギーを読み取り、イメチェン後のイメージにぴったりのお店や場所に連れていってくれます。**自分に合ったイメチェンのために、お金を使えるようになるのです。

パンチの効いたお財布は、何年も持つものではありません。変化の時期限定のアイテムとして、上手に活用してくださいね。

お財布を買い替える
ベストタイミングは？

ここまでお財布について詳しくお話ししてきましたが、いつ買い替えるのがベストだと思いますか？

日本では、「春＝張る」から、春に財布を買うとお金が張る財布になる、ということで、「春財布」は縁起がいいとされています。

もちろん、この時期にお財布を買い替えてもいいのですが、**おすすめは「もういいかな」と思ったとき。**

「まだ使えるし……」「捨てるのはもったいない……」などの考えが浮かぶかもしれませんが、最初に浮かんだ直感に従いましょう。

そのためには、常にお財布に対して意識を向けておく必要があります。なぜなら、私たちは普段、お財布にあまり関心を持っていないからです。

たとえば、洋服やバッグなどに対しては、「形が崩れてきたから、もう捨てよう」「このデザインは似合わないから、誰かにあげよう」など意識を向けていますよね。

では、お財布はどうでしょう？　少し汚れていたり、糸がほつれていたり、中のしきりに傷がついたりしていても、あまり気にせず、そのまま使っていませんか？

だからこそ、お財布に対して意識を向けてほしいのです。それは、お金に意識を向けることにもなるからです。

お財布をキレイに使いたい、自分にふさわしいお財布に変えたい、と思えるようになってきたら、お金を大切に思う意識が高まってきた証拠です。ぜひ、そのタイミングを見逃さずに買い替えましょう。

◎自分の次のステージを教えてくれるお財布

先ほど、お財布は長く使える品のいいものがおすすめと言いましたが、半歩先を見据えていると、自然と品のいいお財布を購入したくなります。

たとえば、学生のときは、シンプルで素材のいいお財布を見てもそのよさがわからず、キラキラしたデコレーションがいっぱいのチープだけどかわいいお財布を好んだ人も、30代、40代と年を重ね、人生経験を積むにつれ、素材のいいシンプルなお財布に対して、「品がよくて、素敵だな〜」と思えるようになってきますよね。

こんなふうに、**半歩先を見据えていると、自分が次のステージに移行する段階がわかるようになり、品のいいお財布を好む自分になっていく**のです。

お財布を買い替えるときは、ぜひいろいろなお店を回って、自分の欲しいイメージにぴったりのものを探しましょう。焦って早く買い替えるのではなく、自分のなかで「これだ！」と思うお財布を選ぶことが大切です。

イメージにぴったりのお財布が選べるのは、自分の価値を把握しているからこそできること。そのような人は自分の価値を発揮しながら、世のため人のためにお金を活かせるので、龍に見込まれて、豊かな世界に連れていってもらえるのです。

ちなみに、今まで使ったお財布を処分するときは、キレイに拭いてから「今までありがとう」という感謝の気持ちを込めて捨てましょう。龍は、「今まで支えてくれたものに感謝できる人か」を見ています。処分は、お住まいの自治体のゴミ出し方法に従って捨ててくださいね。神社に納める必要はありません。

1日1回、お財布を整える習慣

金運がよくなるためには、お金を循環させることが大切ですが、お金を血液だと考えると、お財布は血管です。

サラサラでキレイな血液を流すには、血管もキレイじゃないといけませんよね。キレイな血管だから、キレイな血液が流れるのと同様に、**いつもキレイなお財布だから、心地よくお金が循環する**のです。

そこで、お金が循環するお財布にするために、実践していただきたいワークをご紹介します。とても簡単ですので、ぜひ毎日の習慣にしてみましょう。お財布のなかにすがすがしいエネルギーが通い出し、龍が金運アップへと導いてくれるお財布になりますよ。

【1日1回お財布の大掃除】

1日の終わりに、お財布の中身を整えましょう。レシートや小銭でパンパンになっているとお財布が傷むので、いったん出して、必要なものだけ戻します。小銭は、家に小銭専用貯金箱をつくってそこに全部出してもいいし、500円、100円硬貨だけお財布に戻して、あとは貯金箱に入れてもいいですね。

ポイントカードを入れている場合は、本当に必要なものだけを厳選して持つこと。あとは、別のカード入れなどに入れて持つようにしましょう。

【お財布の浄化】

❶本書の付録『龍神ご縁御守り』をお財布の上に置き、その上に左手、次に右手を重ねます。

❷御守りからエネルギーが手のひら、両腕、胸のハートへと伝わり、自分と一体化するイメージをします。目は閉じていても、開いていてもOK。

❸そのまま、お財布とも一体化するイメージをして、終わりにします。

【お財布をベッドで休ませる】

お財布が入る大きさの黒い箱を用意します。お財布の大掃除、お財布の浄化のあと、その黒い箱のなかにお財布を入れて、一晩中休ませましょう。すると、黒色が放つ「根づくエネルギー」でお金が貯まりやすいお財布になります。

黒い箱がない場合は、黒い布をかけてもOKです。

COLUMN

神話「ヤマタノオロチ」に隠された龍神の性質

乱暴を繰り返し、神の国、高天原《たかまがはら》を追い出され地上にやってきたスサノオが、ヤマタノオロチという龍を退治して、ヒーローになった神話を聞いたことがある人は多いのではないでしょうか？

ここでは、この神話を龍神視点で読み解いてみましょう。

やんちゃなスサノオがヒーローになるために乗り越えたもの、それがヤマタノオロチからクシナダヒメを助ける、という龍神からの課題です。

そこで、スサノオは頭を使い、クシナダヒメの両親を味方につけ、ヤマタノオロチと掛け合うなど、今まで自分のなかで眠らせていた能力を使うことで、課題をこなすことに成功させます。

ヤマタノオロチの腹から出てきた天叢雲剣《あめのむらくものつるぎ》は英雄の剣とされていますが、これは、自分のなかの強みを外に出すことで、乱暴者からヒーローへと立場を変えることができる、ということを意味しています。

つまり、どんな人も自分の価値を見出し、課題を乗り越えることで、人生は素晴らしいものに変わることを伝えている神話といえるのです。

DAY 2

龍に愛される「金運体質」のつくり方

お金を循環させると、「徳のある人」へと変わる

龍を味方につけるお財布を手にしたあとは、その豊かさを維持することも大切。そこで2日目は、龍に愛される「金運体質」になるための方法についてお話しします。

まず、豊かさを語るために欠かせない龍の持つエネルギーについて見ていきましょう。銀河、台風の渦《うず》、DNA……自然界には螺旋《らせん》の形状が多いように、龍のエネルギーも螺旋状に放たれます。**終わりのない螺旋は、無限大（∞）をあらわす循環の象徴**。龍はエネルギーを循環させることで、人間に成長、変化、変容を促す存在であることを示しています。

これは、金運に関しても同様で、お金は循環させるほど豊かになっていきます。ただお金をたくさん稼いで貯蓄しておくだけでは、運を開くことはできません。チャンスを活かしながら、世のため、人のためにお金を使うことで、新しい出会いに恵まれたり、望む仕事の話が舞い込んでくるなど、勝手にお金は流れるようになるのです。

そこで、「一日一善」という言葉があるように、**お金を使うときは、1日に1つ社会のため、人のためにお金を循環させている、と意識してみましょう。**たとえば、ボールペンを1本買うときも、それをつくる会社やそこで働く人たち、また、それを売るお店の人たちが潤いますように、という気持ちでお金を支払います。

日々のささいなことでも、お金が循環しているイメージでお金を使い続けると、それはやがて「徳」に変換します。

徳とは、相手のことを思いやれる度合いのこと。徳は1日で築くことはできませんが、**日々、社会をよくするためにお金を循環させているという意識を持つことで、確実に大きな徳が積まれ、あなた自身が、「徳のある人」になる**のです。徳のある人になると、龍からの成長資金が舞い込みます。龍は、自分以外の人間に対して思いやれる人にお金を使ってほしいからです。

お金は常に世の中を循環するものです。お金を貯めて安心するのではなく、どう循環させるのかが金運アップのコツです。

「何のために使うのか」をしっかり決めよう

お金を循環させるといっても、無計画になんとなく使ってしまうと罪悪感に襲われてしまいます。たとえば、会社帰りにデパートの化粧品売り場にフラッと寄ったら、新色の口紅を見つけてつい購入。お財布のなかを見ると、残金が少しになっていて、「あ～、またムダづかいしちゃった」なんて経験はありませんか？

罪悪感を持つのは、龍からのサポートを得にくくなる思考。龍がせっかく成長のために課題を出しても、罪悪感があるといつまでもそこに立ち止まってしまうので、変化、成長のための気づきになりづらいからです。

お金は使っていいのです。そのかわり、なんのために使うのかを決めること

が大事。そこで、使うお金を次の3つに分けましょう。

「投資」……自分を活かし、成長するためのお金
「浪費」……自分を息抜きさせて、リフレッシュするためのお金
「必要経費」……生活するために必要なお金

お金を支払うときは、常にこの3つのなかの何に当たるのかを決めて使うのです。区別しておくことで、気持ちよくお金を使えるようになると、龍の後押しが入りやすくなります。

◎投資は、すぐに結果を求めない

投資というと、すぐお金が増えて戻ってくることをイメージするかもしれませんが、そうではありません。

たとえば、カウンセラーの資格を持っているので起業したいなと思っていたところに、友達から「一緒に、カウンセリングルームを経営しない？」と持ちかけられたとします。家賃は1人8万円、その他毎月の光熱費や、ホームページ作成費などでけっこうなお金がかかりますが、せっかくのチャンスなので、思い切って投資してみることに。

ところが、カウンセリングルームをオープンしても、お客さんはぽつぽつしか訪れません。これ以上続けると、毎月の経費が払えなくなるので、あえなくカウンセリングルームを閉じることになりました。

この場合、この失敗を学びととらえて次に活かしていくのか、それとも「やっぱり起業なんてそう簡単なもんじゃないんだ」とあきらめてしまうのかでは、雲泥の差が出ます。

龍が応援するのはもちろん前者。「今回は無計画で始めたから失敗してしまったけれど、今度は計画的に準備をしよう。起業する前に自分のブランディングをちゃんとしておこう」など次につなげていこうと思える人には、龍は次々とご縁をつなげてくれるのです。そういう気概があれば、何度失敗しても大丈夫。**次にチャレンジするため、めげずにがんばる人に、龍からの後押しがくる**のです。

がんばった結果、もし起業できなかったとしても、そのプロセスでたくさんの学びを得ていれば、それでＯＫ。形にならなくても、そこで培ったことを糧《かて》に成長していければいいのです。

そのためには、**投資したときにすぐ結果を求めないことが大事**。

水面にポチャンと水滴をたらすと、周りに水紋がじわじわと広がって、やがて水面全体に影響を及ぼしていきますよね。それと同じで、自分から行動して投げかけたことは、必ず何かしらの結果として返ってきます。それを楽しみに待つくらいの長い目で投資をすると、金運体質に変わっていくのです。

◎龍はメリハリのある使い方が大好き！

浪費というと、ムダに使うこと、といったマイナスのイメージがありませんか？

実は、お金を循環させるには、浪費はとても重要です。そのとき欲しいと思ったものを買ったり、心地いいサービスを受けたりすることは、私たちをリフレッシュさせてくれるからです。

そうとわかっていても**浪費をすると罪悪感が残る、というのは、行きあたりばったりでお金を支払ってしまうから**です。人は、計画になかった支出に対して「これでよかった」となかなかすぐに受け入れられません。

だからこそ、「今、私は息抜きのために浪費する！」と決めて、浪費するのです。

たとえば、「仕事をがんばったご褒美として、エステ代に3万円使う」「今日は、優雅な気持ちになるために、ホテルのディナーコースに2万円使う」と決めて支払ってみてください。

最初のうちは、「あ～こんな大金出しちゃった」と思うかもしれませんが、**自分をリフレッシュさせるために浪費すると決めてから支払う習慣をつけると、そのうちなんの罪悪感もなく、その時間を楽しめるようになってきます。**

いくら変化、成長が大事といっても、ずっと昇りっぱなしでは疲れてしまいます。ときには、のんびりリラックスしたり、成長には関係ない好きなものを手に入れることで、また次もがんばろうという気持ちが生まれてくるもの。

せっかくの浪費を罪悪感という負のエネルギーにしないためにも、浪費する目的と金額を決めて使いましょう。

龍神は、そんなメリハリのつけられる人が大好きです。

増えたお金は「自分の成長」のために使う

投資がうまく回ってきてお金が増えてくると、もっといい車に買い替えたい、ゴージャスな海外旅行をしたいなど、「浪費」の割合が大きくなりがちです。

もちろん、身の丈に合った贅沢をすることは、かまいません。しかし、身の丈以上に浪費をしたり、見栄を張るために浪費をしたりし始めると、当然ながら、お金は枯渇《こかつ》していきます。

お金を増やすのは「投資」です。ですから、**増えたお金をさらに循環させたいなら、常に自分の成長のために一定額のお金を使うことが欠かせません。**

成長し続けている人は、自分のことをよく知っています。どこが長所で何が得意か、苦手なものは何なのか……。自分を知っているからこそ、自分の価値を自分で理解し、それを外に向けることができます。

たとえば、1年先、2年先まで予約のとれないスペシャリストの方って、どの業界にもいますよね。それは、その人が自分の価値を確立して、その価値を発揮しているからこそ、人はそのスペシャリストにお金を支払ってでも頼みたいと思うようになるのです。

結局のところ、**お金とは、自分の価値が換金されたもの。**つまり、自分の価値を理解して外に向けるほど、それに比例してお金が入ってくるのです。

自分の価値を高めるには、変化、成長が大事です。速い時代の流れのなかで、必要とされる人であり続けるには、常に学ぶ姿勢が問われます。

「自分の可能性はこれくらいしかない」と見限るのではなく、自分の新しい可能性を探るためにも投資をしていきましょう。

そんなあなたに、龍は喜んで手を差し伸べてくれるでしょう。

龍は身の丈以上のサポートはしない

お金に関して、現実離れしていると思いながらも、次のようなことが起こったらいいな〜と思ったことはありませんか？

「宝くじで6億円当てたい」

「起業して年収３０００万円くらい儲けたい」

「玉の輿《こし》に乗ってセレブな生活をしたい」

大きな夢を持つことはかまいませんが、問題はなぜこのような願い事が浮かぶのかです。

その根っこには「生活のために仕方なく働いている今の仕事を辞めたい」

「お金が足りなくなる恐怖から逃れたい」「ストレスいっぱいの仕事を辞めて、ラクになりたい」など、**「今の状態がイヤだから、なんとかしたい」という本音が隠れていたりします。**

このように、今現在をマイナス地点で考えていると、大きな夢は叶いません。今がダメだと思いマイナスから出発すると、たとえ龍の力で一気にプラス地点に引き上げてもらっても、今を満足できていない気持ちが根本にあるので、また元のマイナス地点に戻ってしまうからです。

実際、宝くじで大金を当てたもののお金の使い方がわからず、騙《だま》されて一文無しになってしまったり、起業して大ヒット商品を出し急に大金が舞い込んできたものの、危険な投資ビジネスに手を出して借金をつくってしまったり、年収1000万円以上の男性を条件に結婚相談所で相手を見つけたものの、結婚したら全く価値観が合わなくて、もうこんな生活は耐えられないと思ったり……。そんな話は絶えません。

龍がサポートするのは、リバウンドしないところまで。その人の身の丈以上のサポートをしても、いい結果にならないことがわかっているので、**身の丈に合った後押ししかしかない**ようになっています。

ですから、龍にお願いするときは、今現在をマイナス地点からゼロ地点に戻しましょう。

私たちは欠けている部分もあれば、できている部分もあります。**ありのままをゼロ地点ととらえ、そこから少しずつ龍のサポートを得るイメージで、龍にお願いしてください**。すると、今の状態よりも、もっと豊かな世界が巡ってくるのです。

龍の力を借りて、宝くじを当てる方法

龍はその人の身の丈に合わないサポートはしてくれない、と言うと、「宝くじを当てるために、龍にお願いしてもダメなんだ」と思うかもしれませんね。でも、そうではありません。

たしかに、身の丈に合わないような大金の当選には力を貸してくれませんが、**身の丈のなかで扱える最高額を当てる後押し**ならしてくれます。

その場合、お願いの仕方があります。龍は、世のため、人のために自分を活かせる人が好きでしたよね。ですので、そのような自分になるための資金として、宝くじを当ててほしいというようにお願いするのです。

具体的には、DAY6に述べる方法で神社を参拝し、拝殿の前で神様や龍神にご挨拶したあとに、たとえば、次のようにお願いします。

「ヨガ教室を開いて、女性が内面と外見の両方から美しく輝いていけるような社会になるために貢献したいと思っていますので、そのためのサポートをお願いします。

つきましては、教室を開講するための資金を集めたいと考えています。ひとつの方法として宝くじを購入しようと思いますので、併せてサポートしていただけたら嬉しいです」

このようにお願いをすると、お金を何に使いたいかが龍に伝わるので、宝くじ当選という形で身の丈に合ったお金をもたらしてくれることもあるのです。

実際、このお願いの仕方をしたクライアントさんで、高額当選された方もいらっしゃいました。**世の中に自分の価値を提供していきましょう。龍はその価値に対して、お金を運んできてくれる**のです。

金運体質に変わる首や腰のストレッチ

循環をあらわす龍のエネルギーを取り込みやすくするには、考え方はもちろん、流れやすい体をつくっておくことも大切です。私たちの体には、血液やリンパなどが流れていますが、その流れが滞ると筋肉も硬くなります。体が硬くなると行動も制限され、思考も狭まるので、龍のエネルギーを取り込みづらくなるのです。

淀《よど》みのない体をつくるためにも、日頃からストレッチを心がけましょう（ストレッチの方法は、左ページを参照）。なかでも**金運アップを司るのは3つの首（首、手首、足首）、腰（くびれ）**です。昔から、お金のやりくりができなくなることを「首が回らない」と言いますよね。また、実際に首の筋肉が固まると、目も疲れて視野が狭くなるためチャンスもつかめなくなります。

さらに、チャンスをつかむのは「手」ですから、手首が硬くてもチャンスをつかめなくなります。このように、関節は運が入ってきたり、運を乗り換えたりするインターチェンジ。まさに、金運はこの4つの関節から流れてくるのです。ですから、意識してストレッチをしたりして、柔軟にしておきましょう。

首のストレッチ

右手のひらで左側頭部を覆い、頭部を右に倒すように軽く引き寄せ、左の首筋を伸ばします。このとき、左肩は下げるように。反対側も同様。

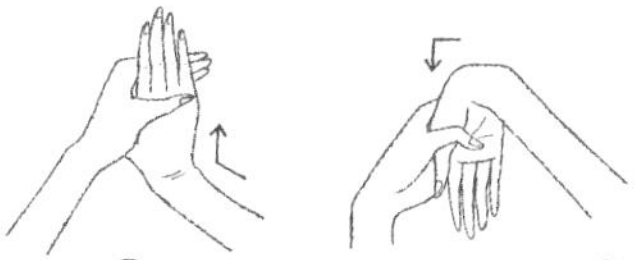

手首のストレッチ

右手を前に伸ばし、左手で右手のひらをつかみます。そのまま右手のひらを下にさげたり、上にあげたりして、手首を動かしましょう。反対側も同様に。

足首のストレッチ

両足を肩幅に開いて立ち、片足ずつかかとで床を軽くたたきます。今度は椅子に座り、片足ずつ足の甲を床につけるように伸ばします。

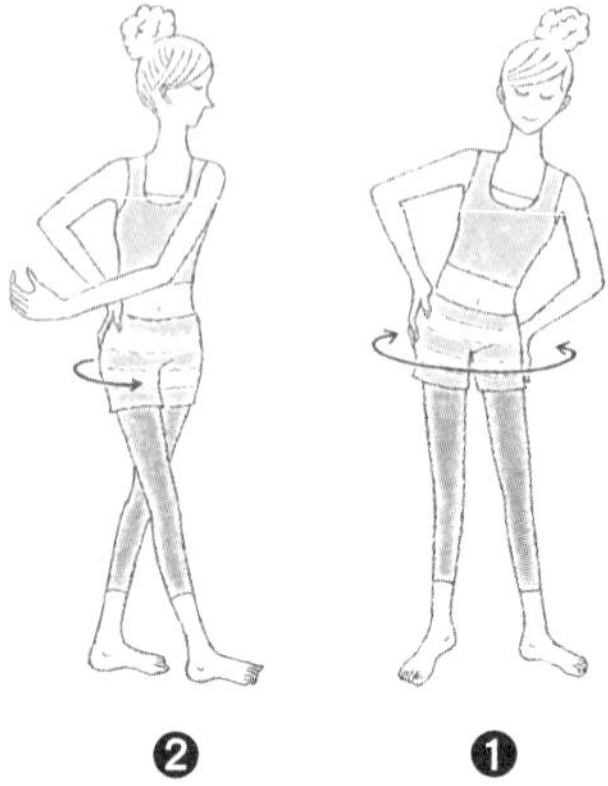

腰のストレッチ

肩幅に両足を開いて立ち、両手を腰に当て、腰を骨盤から回します。さらに腰を左右にねじりましょう。左にねじる場合は、左手を右斜め前に出して空をつかむようにします。反対側も同様に。

成功運を高める背中のストレッチ

背筋がピンとしている人は、余裕があるように見えて頼もしく感じますよね。一方で、背中を丸めて歩いている人を見ると余裕のなさを感じるので、何かをお願いしたいとは思えません。こうしてチャンスが逃げていきます。

私たちは普段、後ろ姿を意識していませんが、実は、前からよりも後ろから見られていることのほうが多いのです。**人は後ろ姿を見て、その人となりを判断している**と言っても過言ではありません。つまり、成功運を司るのも背中ということです。そこで、背中のストレッチで、成功運を高めましょう。背筋が伸びるだけで、人前でも堂々と振る舞えるようになり、龍も次々とあなたを成功に導くためのご縁を運んできてくれるようになるでしょう。

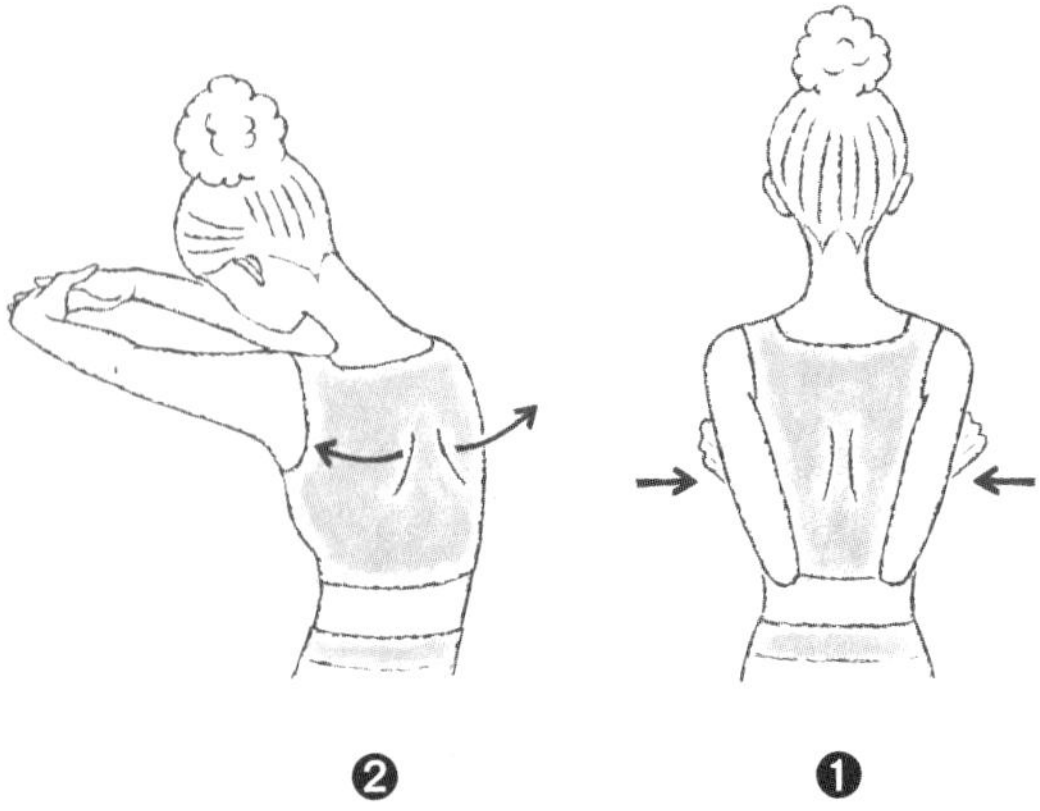

背中のストレッチ

肩甲骨の内側をぎゅっとくっつけるように、両腕を後ろに引きます。このとき脇腹も一緒に反ると腰を痛めてしまうので、みぞおちあたりを後ろに引くイメージで。次に、両手を前で組み、肩甲骨を思い切り開きます。この動作を繰り返してください。呼吸は止めずに自然な呼吸のままでおこないましょう。

DAY 3

龍が訪れたくなる招福の「空間づくり」

龍にとって居心地のいい空間とは？

龍のパワーを実感してきたでしょうか？　3日目は、龍が訪れたくなる住空間のつくり方について、具体的にお伝えしていきます。

初めての家を訪れると、なんとなくその家の雰囲気がわかるように、いつまでもいたくなるような心地よさを感じる家もあれば、重たいエネルギーがまとわりつくような心地悪さを感じる家もあったりしますよね。龍も人間と同じで、空間の雰囲気を敏感に感じています。そして、心地いい空間には龍も集まりやすく、龍の後押しを受けやすい状態になるのです。

では、心地いい空間とは、どんな空間なのでしょうか？

それは、**淀みがなく常に循環している生命力にあふれた空間**です。龍は、常に螺旋状のエネルギーを放ちながら地球を生命力あふれる星にするため守ってくれていますから、私たち一人ひとりが過ごす空間も、イキイキと生命力を輝かせながら生活できる環境にすることが大事です。

そのためには、自宅であれば**のんびりとリラックスできる空間と、集中して活動するリフレッシュできる空間の両方をつくる**こと。

たとえば、リビングにはお気に入りのソファを置いたり、間接照明でムードをつくるなど心地いいものばかりをそろえ、安心、リラックスできる場をつくる一方、書斎はできるだけ物を少なくし、仕事や勉強道具以外の余計なものは置かないなど、集中できる場にします。部屋数が少ない場合は、ついたてやカーテンで仕切るなどして、両方の空間をつくっても大丈夫です。

私たちは、想像以上に環境の影響を大きく受ける生き物です。そのことを意識して、とくに長い時間を過ごす自宅は、リラックスとリフレッシュの切り替えができるよう、バランスのいい空間に整えておきましょう。

鏡面と玄関はいつもキレイにしておく

ところで、龍はどこから家にやってくると思いますか？

龍は、私たちが住む3次元よりも波動の高い、高次元にいます。次元と次元の間にはエネルギーの壁があり、低次元から高次元に行くことはできませんが、高次元から低次元にくることは可能です。そのときに、**別次元からやってくる扉になるのが、反射して物が映る鏡面になるところ**です。

自然のなかでは、湖面などがその役割を担いますが、家のなかなら、鏡、窓、玄関のドアスコープ、ガラス製のテーブル、テレビやパソコンの液晶画面などを磨くことで、湖面と同じ役割を果たします。ですので、必ず鏡や窓などを磨いておきましょう。

また、持ち物なら、アイシャドウなどフタについている鏡、手鏡、スマートフォンやパソコンの液晶画面などもピカピカにしておくこと。

よくスマートフォンの液晶画面を割れたままで使用している人もいますが、これでは、次元の扉に網を張っているようなもの。壊れたり、汚れたりしたまま使用しているのは、自分に無頓着な証拠ですから、龍はそれよりも、もっと自分に関心を持って、成長のために課題を乗り越えようとする人のところに行ってしまうのです。

自分の持ち物であっても、龍はよく見ています。別次元からスムーズに龍がやってこられるように、鏡面をキレイにして龍が行き来しやすくなる環境をつくりましょう。

鏡面のほかにも、キレイにしておきたい場所があります。

それは、玄関。玄関に、靴が散乱していたり、傘がごちゃごちゃに立てかけてあったり、靴箱の上にチラシや物が山積みになっていたりしませんか？**玄関は外とつながる象徴的な場所。神社で言えば「鳥居」**です。そこが汚いというのは、いくら鏡面を磨いても、龍にしてみれば大きな岩があってなかに入れないイメージです。龍はいつでも後押しをしたいのですが、それを受け取るための人間側の用意が整っていないと、やめてしまうのです。

玄関は常に整えておきましょう。ピカピカに磨かなくても清潔にしていれば大丈夫です。

龍は「大切なものを整理整頓する人」が好き

龍が出入りする鏡面や玄関を整えたら、次は、心地いい空間をつくるために、物の整理から始めましょう。

「断捨離《だんしゃり》®」や、「ミニマリズム」という言葉が流行っているように、昨今は、物を減らしてシンプルに暮らすという考え方が浸透していますね。ただ、**龍は物の多い、少ないにはこだわりません。大切なのは、「それが、本当に必要な物なのか？」ということ。**

日本人は、世界のなかでも物に対する思い入れが人一倍強い民族です。実際、長い年月を経て大切にされてきた物には、「ツクモガミ」という神様が宿ると考えられています。それくらい、物を大切にする心があるのです。

ですから、自分にとって大切な物かどうかの判断ができれば、必要なものはとっておいてかまいません。

龍が見ているのは、先ほども言ったように、「生命力があふれる空間かどうか」ということです。物が少なすぎて生活感のない家だと、いくらキレイにしていても、そこに生命力を感じませんよね。すると龍は、「ここに後押しする人はいない」と判断して離れていってしまうのです。

物を捨てられないからといって、自分を責める必要はありません。少ない物のなかでスッキリ過ごすのが好きな人もいれば、思い入れのある物に囲まれて心地よさを感じる人もいるのです。今使わなくても、必要な物は無理に捨てることはありません。

◎捨てられないものは「1年間保留」でOK

物を整理していると、これが本当に必要なのかどうなのかの判断がつかず、迷ってしまうこともあるでしょう。

そこで、物を整理するときは、「必要な物」「必要ない物」「保留」の3つに分けましょう。

たとえば、洋服の整理をするとします。今着ないとわかっていても、「もったいないから捨てたくないな。まだ着るかもしれない」と思うことはありますよね。そんなときは、「保留」に入れます。迷ったときは、どんどん「保留」に入れてください。

そして、半年後、1年後に保留に入れておいたものを、再度見直して、今必要かどうかを、もう一度確認します。すると、「もう着ることはないから捨てよう」と、気持ちが変わって捨てられることが多いのです。

洋服以外にも、読み終わって本棚に置いたままの本をこの方法で仕分けすると、半年後、1年後には、「もう今の自分にはこの情報は必要ない」と思い、あっさりと捨てることができたりします。

これは、半年、1年の間に、あなたが成長した証拠です。**以前は捨てられなかったものを手放せるようになるというのは、精神的に変化、成長したからこそ。**もう必要なくなったのです。

このように、小さな変化をきちんと感じていける人は、大きな変化にも向き合って対応していける人なので、龍からの後押しをどんどん得られやすくなります。

◎一緒に住む家族が、片付け嫌いだったら

片付けについて話をすると、「私はキレイにしたいのに、夫が全然協力してくれません」「何度言っても片付けてくれない子どもにイライラします」など、

家族の協力を得られないという声が、必ず上がります。たしかに、一人暮らしなら家中を自分の好みにできても、家族がいるとそうはいきませんよね。

そんなときは、メイクスペース、ベッドの棚など、小さなスペースでかまわないので、ここだけはキレイにするという場所をつくります。そして、家族で使用するスペースまで無理やり整理整頓しようとしないことも大事です。なぜなら、一人ひとりにとって、大切にしたいことは異なるからです。

たとえば、子どもにしてみれば、おもちゃが散らかっているほうがリラックスするのかもしれませんし、コレクターなら集めたフィギュアなどを部屋中に飾ることが最高のリラックスになるかもしれません。

自分以外の人と住むときは、相手を尊重する姿勢が大切。**あなたが自分の物を整理整頓し、自分で決めたスペースをキレイにしているだけで、龍はちゃんと目をかけてくれます**ので、安心してくださいね。

情報の「断捨離」で、新しいチャンスが舞い込む

今の時代、物以外にも、情報も放っておけばたまります。スマートフォンのアドレス帳にあるメールアドレスや電話番号など、もう絶対に連絡をとらない人なのに、そのまま残っていたりしませんか？

情報は、物と違ってかさばらないため、いくらでもため込んでしまいがちですが、エネルギー量に換算すると膨大です。

龍の世界では、不要なエネルギーもゴミの山と同じです。滞ったエネルギーは龍の循環を妨げるので、龍は情報をため込む人に、手を差し伸べられないのです。

情報をつめ込みすぎて、スマートフォンやパソコンが重くて動きが悪くなったり、情報を整理整頓していないため、本当に欲しい情報を探せなくなったり……。こんな現象が起こったら、要注意。そうなる前に、情報の整理をしましょう。

おすすめは、6月末に神社でおこなわれる夏越《なごし》の祓《はらえ》と、大晦日の大祓《おおはらえ》のあたりを目安に、年に2回、スマートフォンやパソコン、タブレット、音楽プレイヤーなどに入れた情報をチェックする、と決めると忘れません。

デジカメやスマートフォンにたまった写真類は、100％不要であれば捨ててもかまいませんが、そのときにしか撮れない世界でたった1枚のものでもあるので、クラウドやUSBメモリーなどに移すのも手。

1年前の自分と今の自分を比べて変化を感じることは成長を自覚することにつながるので、龍の後押しを受けやすくなります。

こうして、**ためた情報を整理する日を設けて不要な情報を整理すると、不思議と気持ちもスッキリします。すると、心に余裕ができるので、その隙間に龍は新しいエネルギーを入れてくれる**のです。

実際、情報の整理をすると、新しい人や新しい情報に出会うなど、これまで知り得なかった人や情報、出来事に遭遇するようになります。

まさに、これぞ龍の後押し！　新たな世界への扉が開かれるきっかけとなるのです。

抗菌よりも清潔感をキープしよう

物の整理の次は、掃除についてです。

今の時代は、なんでも抗菌がもてはやされていますが、実は龍は、抗菌という考え方はあまり好きではありません。地球という生命体を守る龍にとって、あらゆる生命は菌と共存しなければ生きられないのは明白だからです。

たとえば、人間の腸には、100～1000兆個と言われる腸内細菌が棲んでいます。これらの微生物のバランスが整うことで、健康が支えられています。

また、土のなかには、土壌微生物と言われるものすごい数の細菌が棲んでいます。これらの細菌は、生物の死骸《しがい》を分解して土に戻したり、肥沃《ひよく》な土地をつくったりなど、地球の生命維持に欠かせない役割を担っています。

そう考えると「抗菌」という考え方は、菌をすべて悪者に仕立てた、私たち人間側の勝手な視点。

ですから、**菌を取り除くというよりも、バランスよく共存していける環境をつくるために清潔感のある空間にしておくのが一番**です。

そこで、もっとも重点的に掃除してほしい場所は、水回りです。神社に行くと、龍の口形の蛇口から水が出ている手水舎《ちょうずや》を見たことがありますよね。

龍神は水を司ります。生命は水がなければ生きていけません。つまり、命の源である水を守ることが、地球を守ることにもつながっているのです。

水と親和性のある龍は、水を介して運気を運んできます。水回りが汚れていると、その空間には入ってこられなくなりますので、水回りは常に清潔にしておきましょう。

◎運気アップの鍵は、清潔な水回り

水回りをキレイにしておくことが重要なのは、水が私たちの感情ともつながっているからです。

水は流れをつくりますよね。雨が降ると大地を潤し、大地から川へ、川から海へ、海の水が蒸発してまた空へ戻ります。この自然の循環がスムーズであるほど穏やかな環境がつくられます。一方で、流れのない水は淀んで腐ります。

感情も水と同じで、自分のなかに生まれた感情を認めて手放していくと、感情をためることなく、気持ちもクリアになりますが、感情をため込むと行き場がなくなり爆発したり、鬱《うつ》のような症状になったりします。

このように、**水の性質はそのまま感情の性質を映し出している**のです。

実際、自分の感情と向き合い風通しがいい人は、水回りもキレイにしている傾向にあり、感情に淀みのある人は、水回りが不潔だったりします。

とくに、**排水口は運気が出入りするところです。お風呂、洗面所、台所、トイレ、洗濯機など、流れを司るところは意識して清潔にしておきましょう。**

92ページに紹介する「お部屋を浄化する盛り塩」を水回りに置くのもおすすめです。こうして、水回りをキレイにすることで、不思議と感情に向き合う気持ちが湧いてきて、感情をコントロールできるようになるのです。

とはいっても、大掛かりな掃除を毎日する必要はありません。

お風呂を出る前に床やバスタブをついでにさっと洗っておく、排水口のキャッチャーに入った髪の毛などを毎日捨てる、洗面所や台所などを使ったあとは乾いたタオルでひと拭きしておく、トイレは1日の最後にささっと掃除をしておく、洗濯機のゴミ取りネットにかかったゴミを毎日捨てる……これらのことなら、1分もかかりませんよね。

龍神のエネルギーと親和性の高い水の循環をよくして、淀みを流していきましょう。

龍のエネルギーを受け取りやすくなる空間を、ぜひつくってください。

ほこりや汚れに向き合うことは、自分に向き合うこと

部屋の隅《すみ》や天井、かもいの上などにたまったほこり、テレビの後ろやタンスの裏側などにあるほこり、便器の裏側の隠れた汚れ、洗濯槽や換気扇の汚れ、コップの内側の茶渋、化粧ポーチのなかにこぼれたメイク道具の粉……。

すぐ目につく場所は、掃除機や雑巾をかけたり、磨いたりしていつもキレイにしていても、意識しないと目の届かない場所は、そこにほこりや汚れがあるとわかっていても、なかなか掃除する気になれなかったりしますよね。

実は、この状況は自分の心の状態と比例しています。

ほこりや汚れを見て見ぬふりしている人は、自分のなかに生まれた感情を見て見ぬふりしている人です。

ほこりや汚れは、向き合いたくない感情をあらわしています。「ぬるぬるしたあの汚れをとらなきゃ」「ほこりを払わなきゃ」と思いつつも実行できないでいると、なんとなく心地悪さを抱えますよね。

それと同じで、モヤモヤした気持ちに向き合わなければいけないと知りつつも逃げていると、知らず知らずのうちにそんな自分を責めるようになり、罪悪感を抱えるようになってしまいます。

ところが、罪悪感ほどエネルギーを消費するものはありません。ですので、いくら龍がエネルギーを与えても、罪悪感を処理するためにエネルギーを費やしてしまうので、龍の後押しを活かすことができなくなってしまうのです。

私たちは、「自分の弱さを見せたら負けなんじゃないか」「こんなことを言ったら怒られるんじゃないか」など勝手に推測しがちですが、**龍は、どんな自分であっても向き合い、自分を改めていく人が好き**です。

だから、「罪悪感を持っている自分はよくない」と責めるのではなく、「あ〜

私は罪悪感を持っているんだな」と今の自分の感情に向き合ってみてください。すると、不思議なことに、罪悪感が消えていくのです。感情は向き合うと浄化されるのです。

ほこりや汚れもそれと同じで、向き合わない限りそこに存在し続けて、私たちの気持ちを暗くします。ですから、目の行き届かないところにたまっているほこりや汚れに気づいたら、見て見ぬふりをせず、掃除をしてみてください。

ひとつ気づいて掃除をし始めると、芋づる式にいろいろなところが気になり出すかもしれません。そのときは、今月は部屋の隅のほこりに意識を向ける月、来月はトイレの汚れに目を向ける月、など決めておこなうと無理なく掃除ができるでしょう。ほこりや汚れに向き合い出すと、自分自身に向き合えるようになるのです。

こうして、**気づかないふりをやめることで、龍は自分自身と向き合うことを決めたあなたに、喜んで後押しをしてくれるようになる**のです。

盛り塩で龍神を呼び込み、部屋の邪気を払う

塩は浄化には欠かせないアイテムです。なぜなら、**塩自体の純粋なエネルギーにより、神聖なものを呼び込むことができる**からです。

そこで、ぜひ盛り塩を作り、部屋のなかに置きましょう。

作り方は簡単。お皿の上に塩をひとつかみ分ほど置きます。それを小さなスプーンでペタペタ固めて山のように盛ったあと、上を軽くつぶして、富士山のような形にして出来上がりです。

富士山は、霊峰富士と言われるように、霊的な力を持つ、神の宿る山。その**富士山を真似ることで、霊峰富士のエネルギーを入れることが可能**です。まさ

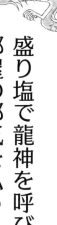

に、全国各地につくられている富士塚のミニチュア版のような感じです。

盛り塩を置くおすすめの場所は、キッチン、トイレ、洗面所など水回りのある部屋の床の隅や、玄関ドアの内側など、各場所に1個ずつ置けば大丈夫です。とくに水回りは、邪気が入りやすいので、盛り塩をすることで邪気を徹底的に祓《はら》うのはもちろん、龍神のパワーで水回りの循環をよくすることもできて効果的です。

盛り塩は、1週間に1回くらいの割合で替えましょう。使用した塩は捨ててください。その際、排水に流しながら、邪気もキレイに流れていくイメージをして、「龍神様、ありがとう」とお礼を言うと、龍神も喜びます。

神棚に盛り塩をあげる場合は、基本、毎日取り替えて、料理などに使いましょう。ぜひ、盛り塩パワーで、龍神を呼び込んでください。

龍が好むアイテムを部屋に置こう

龍を招く空間をつくるために、ぜひ龍が好むものも置いてみましょう。ここでは、2つのアイテムをご紹介します。

まず1つめは、生花《せいか》。造花ではなく、生きている花や植木がベスト。龍は、とくに花が大好きです。

そして、生花のなかでも、とくに好きな花は桜。実は、「サクラ」の「サ」は穀物のエネルギーのことをさし、「クラ」は大和言葉で「神様の宿る場所」という意味をあらわしています。つまり、穀物の神様のエネルギーを宿す木ということ。このように、桜は神様や龍神が宿る依《よ》り代《しろ》となります。まさに、ご神木のミニチュア版。ただし、桜は季節ものですし、家のなかにはなかなか飾れませんので、生花であればどんな花でも大丈夫です。

さらに、**龍が花を好むのは、魅力開花のエネルギーがあるから**です。つぼみから花が開き、美しく風景を彩る花々は、見ていても私たちの心をパッと明るくしますよね。はつらつと輝いて、もっとも美しい状態を見せてくれるのが花なのです。そういう花のエネルギーを見ると、私たちも自然と成長しよう、という気持ちになり、龍からの後押しを得られやすくなるのです。

常に生花のある空間を心がけましょう。生命力あふれる空間に、龍が集まってくるようになるでしょう。

◎お気に入りの絵を飾る

2つめは、絵。玄関やリビングなどに、お気に入りの絵を飾ってみましょう。額縁の前面は、作品を保護するためにガラスやアクリル板になっていますよね。

それは、先ほどお話しした鏡面となり、龍を呼び込むアイテムとなります。

余裕があれば、季節によって絵を替えてみましょう。すると、龍を迎え入れるという意識に切り替わりますし、龍のほうも「この人は空間に気を使えるほど、心の余裕がある人なんだ」と思うので、後押しが入るようになります。

◎水の音を部屋に流す

部屋に飾るものではありませんが、水の音を部屋中に流すのもおすすめです。そもそも**龍神は水を司りますから、水の音がするだけで居心地がよくなります。**

そして、安心するのは龍だけでなく、人間もです。水が流れる音は、胎児の頃にお母さんのおなかで聞いていた羊水の音や血液の流れる音に似ているので、水の音を聴くと、自然と気持ちが落ち着くのです。

波の音、清流の音や、雨だれの音など、水の自然音ＣＤはたくさんありますので、ぜひ気に入ったものを部屋に流しておきましょう。

DAY 4

龍のエネルギーを入れて体と心を「整える」

龍は「休むこと」も応援してくれる

ワークも中盤、4日目になりました。4日目は、実際に龍のエネルギーを自分の体に入れて、体と心のバランスをとる方法をお伝えしていきます。

龍は、エネルギッシュかつダイナミックな動きで、人間の変化、成長を促すためにサポートしてくれるコーチです。私たちに気づきを与えるために課題を出し、その課題を乗り越えられるように、ときには厳しく導いてくれます。どちらかというと、体育会系。休んだら怒られる、そんなイメージを持つ方も多いでしょう。

ところが、実際は、**龍はしっかり休むことも応援してくれます。**

たとえば、

「昨日は大きな仕事を終えたから、今日はゆっくり休んで英気を養おう」

「明日は朝早くから行動するから、今日は明日に備えて早めに睡眠をとろう」

「午前中に仕事でトラブルがあったけど、お昼の休憩時間はちゃんと休んで、気分転換しよう」

というように、私たちがマインドセットをして休めば、見守りモードに変えてくれます。

しかし、がんばりすぎる癖がついていると、「休むことはよくない」「今手を抜いたら、他の人に追い抜かれてしまう」と思ってしまうので、なかなか休むことができません。

休みを軽視していると、それは必ず体や心の負担となり、体を壊してしまったり、やる気が起こらなかったりなど、何かしらの支障をきたしてしまいます。

龍はコーチといえども、そんなことは望んでいません。**自分の体の限界を**

知っているからこそ、自分を休ませて、最高のパフォーマンスで動いてほしいのです。

龍はいつでも私たちを見守ってくれていますから、「これからリラックスをする」と決めましょう。

すると、いつも混雑して入れなかったカフェにスッと入ることができたり、テレビをつけたら温泉の情報番組が飛び込んできたりなど、ふんわり、幸せモードになれるものと出会えることが増えてきます。

大きなチャンスや成長はなくても、私たちがリラックスできるようヒントを与えてくれているのです。

龍が教えてくれる、リラックスのサイン

日本人は、がんばり屋さんが多く、「休むことは怠けること」というイメージがありますが、怠けると休むは全く違います。怠ける人は、龍からの課題を見て見ぬふりをし、やらないための言い訳ばかり探します。締切や約束を守らなかったりするので、当然周りからの信頼もなくなっていきます。

一方、休むとは、龍からのアクティブな課題をこなすための充電だったり、やることをやった自分へのご褒美です。龍は、常に人生をよりよく生きてもらいたいと思っていますから、リラックスとリフレッシュのメリハリがつく人が好きなのです。

ですので、龍はがんばりすぎて休むことができない人に、リラックスのサインを送ります。

たとえば、がんばっているのに出世できなかったり、いつもと同じことをしているのにうまくいかなかったり、転んだり、ケガをしたり……。

ちょっとしたことに意識を向けられない、細かいところを見られなくなるからこそ起こるアクシデントは、「疲れすぎて、注意力が散漫になっていますよ」という龍からのサインです。

このサインを無視してしまうと、大きなケガや病気、トラブルにつながります。一度立ち止まらなければならないような状況をつくって、無理やりにでも休ませようとするのです。

大きなアクシデントに発展する前に、思い切って休みましょう。自分で休みを決断しづらくても、「龍からのサインなんだ」と思うと、休みやすいですよね。

なかなか休めない人が勇気を出して休むと、龍はその人を布団でくるむようにリラックスモードにしてくれます。実際に、自分の周りが温かく柔らかく感じる人もいるでしょう。

すると、他人の幸せな情報も目に入りやすくなり、他人の幸せを喜べる余裕も出てきます。

こうして、**拾う情報も出会える人も変わってきて、いいことばかりが舞い込んでくるようになる**のです。

龍のエネルギーを取り込む「お風呂の入り方」

お風呂に入ると、ひとつひとつの細胞がゆるみ、体も柔らかくなりますよね。それは、体が温まることで毛細血管が広がり血液循環が促進されることで、新陳代謝がよくなったり、副交感神経が優位になってリラックスしたりするからです。

このように、体を温めることは物理的にも効果を発揮しますが、実は、龍のエネルギーも取り込みやすくなります。それは、前述した通り、龍は水を司るからです。

龍は、水や風、土、木など自然物と親和性が高いので、お風呂に入っている

ときは、龍のエネルギーを扱いやすい状態になっています。

そこで、ぜひ試してほしいのが、お風呂のなかでの龍イメージング。お風呂のお湯を龍のエネルギーに見立てて、バスタブのなかで体全体の皮膚から吸収するようなイメージをします。

リラックスしたいときは、優しいエネルギーが皮膚全体にじんわりと浸透していくイメージを、活力を得たいときは、力強いエネルギーが全身にどんどん流れ込んでくるイメージをしてみましょう。

冷えている部分は気の流れが滞っているところなので、そこから重点的に龍のエネルギーが取り込まれる様子を想像してください。

また、より集中的に龍のエネルギーを取り入れたい部分があれば、シャワーも活用しましょう。

たとえば、肩や腰がこっているときは、夜のバスタイムに肩や腰にシャワーヘッドを近づけて、そこから龍のリラックスするエネルギーが流れ込んでいるのをイメージ。今日は気合いを入れて仕事をしたい、というときは、朝のシャワーで成功運を司る背中にシャワーヘッドを近づけて、そこから龍の活力に満ちたエネルギーが流れ込んでいるところを想像します（肌荒れの原因になるので、顔には直接シャワーを当てないでください）。

龍はいつでもエネルギーを私たちに与えたがっています。だからこそ、意識的に龍のエネルギーを取り込むイメージで、お風呂に入ったりシャワーを浴びたりすると龍はとても喜びます。

龍のエネルギーを取り込む「龍神イメージング呼吸法」

ここで、龍のエネルギーを体に取り入れて、簡単にモードチェンジできる「龍神イメージング呼吸法」をお伝えしましょう。

呼吸法とは意識的に空気を吸ったり吐いたりする方法ですが、そもそも自然の気である大気そのものに龍神のエネルギーが溶け込んでいるので、意識して呼吸することで必然的に、無意識のときよりも多くの龍神エネルギーを体内に循環させやすくなるのです。

また、呼吸をすると胸郭《きょうかく》が拡大したり収縮したりしますが、それを動かしているのは、呼吸筋と言われる筋肉です。呼吸法をおこなうと呼吸筋も鍛えられるので、無意識のときよりも多くのエネルギーを吸収して循環させやすくなります。次に、休息したいとき、活力を得たいとき、それぞれの呼吸法をご紹介します。

【休息のエネルギーを取り入れる呼吸法】

まずは、休息したいときの呼吸法です。これは、寝る前に布団の上で仰向けになりながらおこなうのがおすすめ。なかなか眠れないときなどにおこなうと、リラックスした状態になり、いつの間にか眠りにつけるようになります。

❶目を閉じて仰向けになり、自分の体が竹の筒になったイメージをします。横隔膜《おうかくまく》が上の節、下の節は骨盤底筋のあたりと考えてください。
❷節と節の間を思い切り広げるように、鼻から息を吸って、腹式呼吸をします。その際に、ふんわりした優しい光の粒を鼻から吸い込み、おなかにためるイメージをしてください。
❸横隔膜と骨盤底筋の節の部分をぎゅっとしめるように、口から息を吐きます。

その際に、吸い込んだ光がキラキラと輝きを増しながら出ていくイメージをしましょう。

❹②③を、繰り返し3回ほどおこないます。

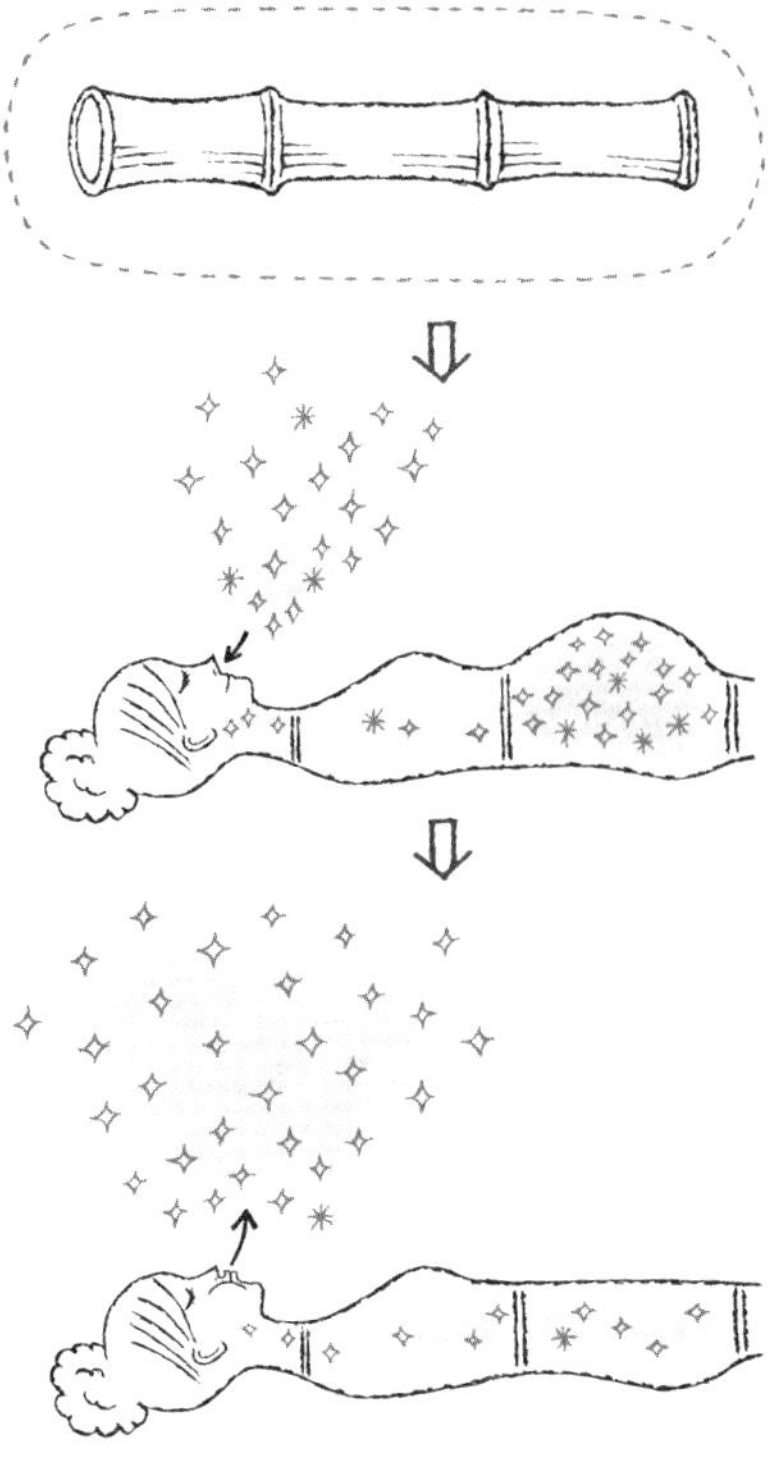

【活力を取り入れる呼吸法】

続いて、活力を取り入れたいときの呼吸法です。これは、仕事に取りかかる前や大切な人と会う前など、気合いを入れたいときにおこなうと効果的です。仰向けになれる場所がないなら、椅子に座りながらおこなってもかまいません。

この呼吸法をおこなうと眠っていたエネルギーを使えるようになったり、行動力や意欲が高まったり、決断力が上がったり、立ち居振る舞いがキビキビとしてきたり、職場でリーダーに抜擢《ばってき》されるなど、いいことずくめになります。活力を取り入れることで、心に余裕が出て、堂々として見えるのでしょう。

❶目を閉じて仰向けになり、自分の体が竹の筒になったイメージをします。のどのあたりが上の節、横隔膜あたりが下の節と考えてください。

❷節と節の間を思い切り広げるように、鼻から息を吸って、胸式呼吸をします。その際に、キラキラした力強い光の粒を鼻から吸い込み、肺にためるイメージをしてください。

❸のどのあたりと横隔膜あたりの節の部分をぎゅっとしめるように、口から息を吐きます。その際に、吸い込んだ光がキラキラと輝きを増しながら、出ていくイメージをしましょう。

❹②③を、繰り返し3回ほどおこないます。

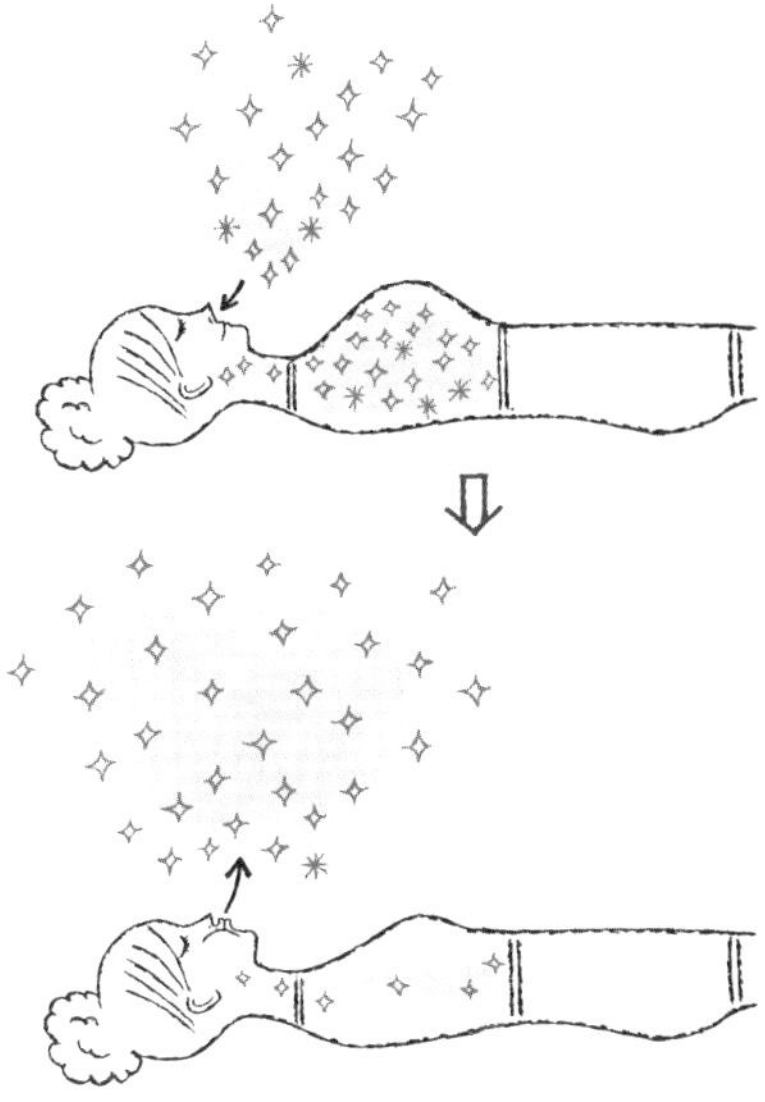

◎吐く息は、キラキラ輝く光をイメージ

イメージングをしながら呼吸をおこなう方法のなかには、息を吐くとき、自分のネガティブな思いや不要物などを吐き出すつもりでおこなう、というものもあります。たしかに、**自分のなかにたまったものを吐き出すことは重要なのですが、そのまま吐き出すのは、排気ガスをまき散らしているようなもの。**

生命は生きている以上、物質的にもエネルギー的にも不要物はたまります。物質の場合は、便や尿であればトイレ、汗や汚れはお風呂や洗面所、食べかすは流し台と、流す場所が決まっていますね。

不平不満、嫉妬、憎しみ……こうしたものは、神社など禊《みそぎ》の神様がいる場所で吐き出しましょう（161ページ参照）。ネガティブな感情を周りに吐き出すと、周りもネガティブになり、自分に戻ってきてしまいますが、光を吐き出すと周りを幸せにしながら、いい運気が巡るようになるのです。

自分の「本当の望み」に気づく瞑想法

呼吸法ができるようになったら、その続きとして今から説明する「龍神瞑想」をおこなってみましょう。より効果が得られます。ただし、時間のないときは、呼吸法だけ、瞑想法だけでおこなってもかまいません。

瞑想法の目的は、潜在意識に龍を入れることです。呼吸法で無意識と意識の世界をつなぐ循環をつくり、龍のエネルギーをその循環に乗せて、潜在意識に龍を差し込むのです。潜在意識に龍が入ると、意識と無意識が一体化するため、潜在意識にあることが意識に上がりやすくなってきます。

そのため、本当にやりたいこと、本当は嫌なこと、本当はこうしたかったことなど、抑圧していた感情がどんどん顕在意識に上がってきて、「本当の自分の望み」に気づけるようになるのです。

私たちは、もともと好奇心でいっぱいの存在です。でも、社会の常識のなかで生きるうちに、本音を言うと嫌われる、愛されない、と思い込み、本音を潜在意識のなかにしまい込んで、本当の自分を隠して生きています。それがメンタルブロックとなって、人生をうまくいかなくさせる足かせとなるのです。

潜在意識のなかに隠した本音は、社会のなかで無難に生きられなくなる恐れがある限り、なかなか出てきてくれません。ところが、瞑想法でこちらから龍を潜在意識に招き入れてあげると、**抵抗なく、潜在意識に入っていたものを意識に上げ、本当の願いに気づかせてくれる**のです。

瞑想法も呼吸法と同様、リラックスしたいときと、活力を得たいときの2パターンがあります。夜寝る前や、疲れがたまってどうしようもないときなどは、リラックス瞑想を、踏ん張りたいとき、プレゼンの前、試合前、体調不良で代謝を上げたいときなどは、活力アップの瞑想をおこないましょう。

ぜひ、この瞑想で、自分らしさを取り戻してください。

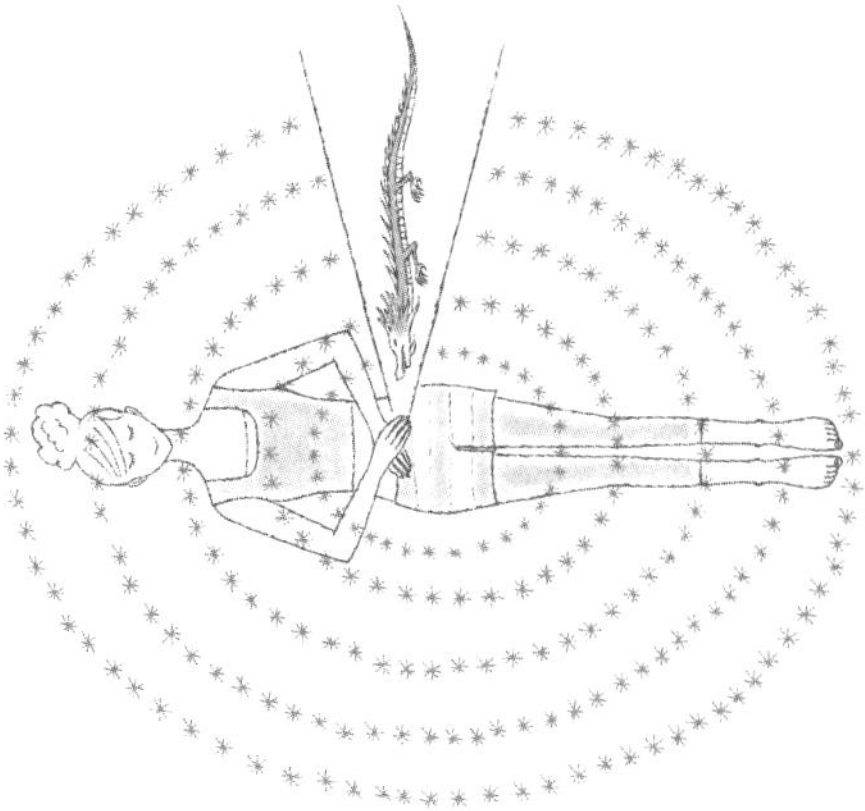

【リラックス瞑想法】

❶目を閉じて仰向けになり、呼吸を整えます（余裕があれば、108ページの「休息のエネルギーを取り入れる呼吸法」をおこなったあと、呼吸を整えましょう）。

❷おへその上に左手を、その上に右手を重ね、細長い龍神が天から降りてきて、重ねた手を通してシュ―ッとおへそから体のなかに、優しく入るイメージをします。

❸体のなかに入ると同時に、龍の形はなくなり、放射状に優しい光の粒が頭頂からつま先まで水紋のよ

うに広がるイメージをしてください。水紋が広がったところは、龍のエネルギーが届いています。

❹龍神の心地いいエネルギーに包まれたまま、眠りにつきましょう。

【活力アップ瞑想法】

❶まっすぐ立って肩幅に足を開き、呼吸を整えます（余裕があれば、110ページの「活力を取り入れる呼吸法」をおこなったあと、呼吸を整えましょう）。

❷頭の上から細長い龍神がシューッと降りてきて、スパイラルを描きながら体のなかを通過し、股から出ていくイメージをします。体のなかに入ると同時に、キラキラまぶしく力強い光の粒が体中を巡っているところを想像してください。

❸背骨の後ろに、光がヘッドライトのように出ているイメージをします。

❹余力で体の前面からも光が出ているイメージをして、体全体から光が放たれているように感じましょう。

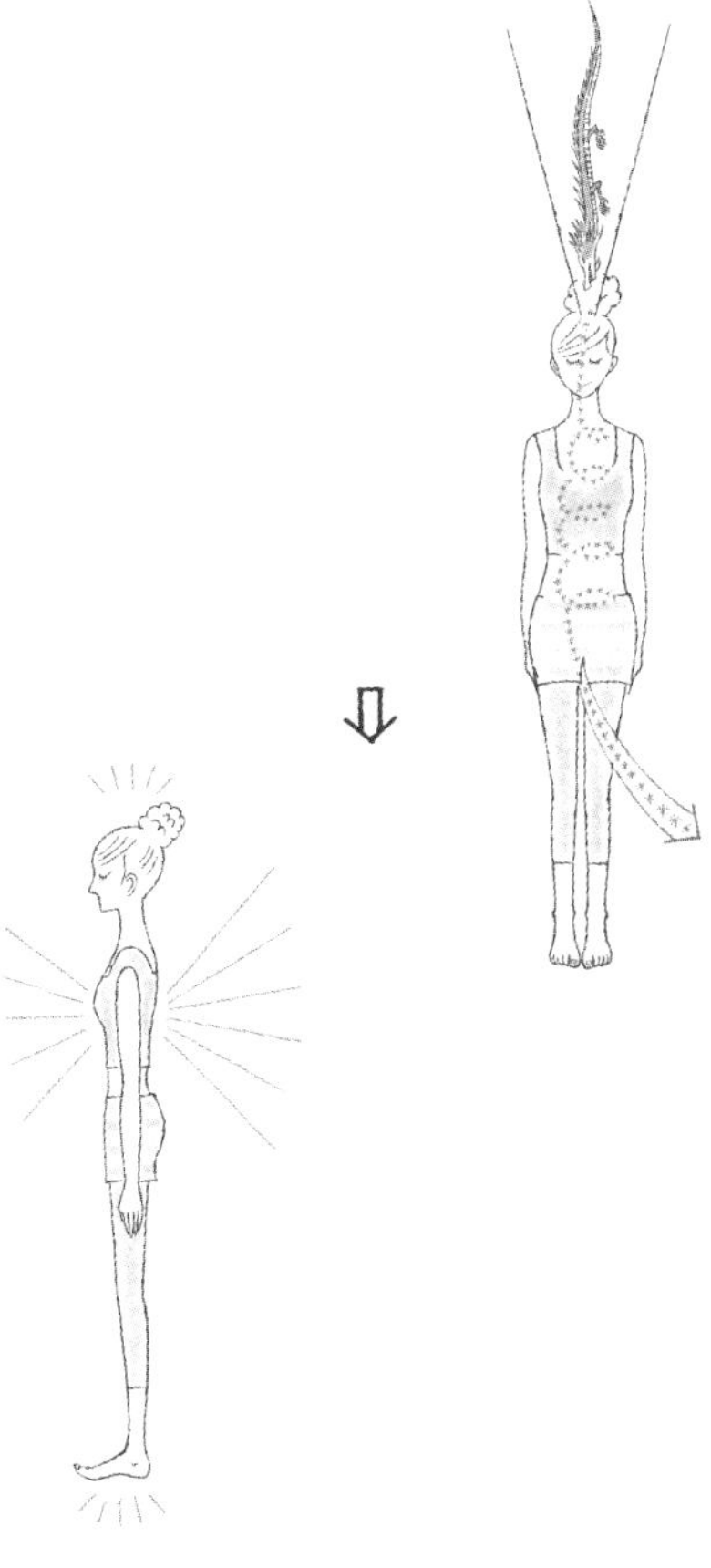

龍のサポートが受けられる睡眠の習慣

現実世界でなかなか龍のエネルギーを感じられない人も、実は寝ている間は、龍と触れ合っています。

睡眠とは、肉体的にも魂的にも1回死んで、また朝生まれ変わるという小さな儀式です。言い換えれば、顕在意識が消えて、潜在意識だけの世界に入るのが眠りです。

ですから、**睡眠をとることで私たちは龍の世界に行くことができ、体を十分に休めてリラックスしながら、龍にいろいろなことを教えてもらえる**のです。

そこで、寝る前に、龍にひとこと「**一緒に眠りましょう**」と声をかけましょう。これは「今から龍の世界に行きます」という合図です。

この合図があることで、意識的に龍のサポートを受けられるようになり、心地いい眠りにつけるようになります。

寝る前に龍への声かけを続けると、知らず知らずのうちに、睡眠のたびに龍の世界に行けるようになってきます。すると、願い事が叶いやすくなってきます。願いは潜在意識にあるので、「本当はこうしたい」という本当の望みが叶うようになるのです。

後味の悪い夢が教えてくれること

龍と仲良くコミュニケーションがとれるようになってくると、ときどき、嫌な気持ちになる夢を見ることがあります。たとえば、怒りたい気持ちを抑えて笑顔を保っていたり、甘えたい気持ちを抑えてカッコイイ女性を気取ってみたり……。

こんな夢を見た朝は、スッキリしない目覚めになっているはず。

実は、これぞ龍神からのメッセージです。「今あなたは、怒ったり甘えたりすることを受け入れていないよ。ここを受け入れたら、魅力的なあなたになれるよ」という、提案なのです。

誰にでも、弱さはあります。怒りや甘えの感情を持つことはよくない、という思いがある人は、カッコイイ自分を外側に見せて、カッコ悪いと思っている感情を潜在意識に隠しています。だから、平気で怒りや甘えを外側に出している人を見ると、腹が立つのです。

でも、自分にも怒りたい気持ち、甘えたい気持ちがあることを受け入れられるようになり、「そんな自分もありだよね」と肯定できるようになると、他人の怒りや甘えが気にならなくなってきます。それどころか、ハッキリ物事を言えたり、誰かに頼ったりすることができるようになります。

実は、そういう人のほうが魅力的です。表面的なカッコよさを繕う人よりも、本当の自分のまま生きている人のほうが、人から信頼され、愛されるのです。

こんなふうに、**夢を通して龍神が潜在意識から、あなたが自分で認めていない部分に気づかせてくれて、深みのある人間になっていける**のです。

人間的に成長をするためにも、夜、寝ている間に、龍とたくさん触れ合ってください。「龍神イメージング呼吸法」（107ページ）や「龍神瞑想」（113ページ）をおこなうと、より龍のエネルギーを流しやすくなるのでおすすめです。

これらができないときは、前述した通り、ひとこと、「一緒に眠りましょう」と声かけをするだけでOK。

龍とともに、自分の見て見ぬふりをしてきた部分を自覚し、ぜひいろいろな自分と出会ってください。コンプレックスに感じていたことが、実は強みであり、魅力だったことがわかるでしょう。

COLUMN

藤原氏の氏神「春日大社」は、龍神信仰の中心地

平安時代に栄華を極めた藤原氏が創建し、藤原氏の氏神として栄えた奈良県の春日大社は、龍神信仰と密接な関わりがあったとされています。

そのひとつが、春日大社のご神体であり、世界遺産でもある御蓋山《みかさやま》。

御蓋山は古来より禁足地（足を踏み入れてはならない場所）とされていますが、その御蓋山には、現在も龍神が祀《まつ》られています。

実は、この龍神、その昔、天皇に愛されず悲しみのあまり、猿沢池《さるさわいけ》に入水《じゅすい》した采女《うねめ》（天皇や皇后の身の回りの雑事をおこなう女官）という説があり、猿沢池には龍神が棲むという伝説も存在します。

その後、猿沢池の龍神は御蓋山へ移動、さらに、奈良県の室生龍穴神社《むろうりゅうけつ》に移ったと言われています。

そのためか、御蓋山周辺には、龍神にまつわる伝説が数多く残っています。

とくに、春日大社は「春日龍神」という能の演目もあるほど、古来より龍神信仰が盛んです。

その春日大社を氏神とした藤原氏は、龍神の力を借りて、長期政権を築いた貴族と言えるでしょう。

DAY 5

龍と出会い、龍とつながる「自然観察の方法」

龍と出会う第一歩は、自然のなかの五感磨きから

常に、私たちを変化、成長させるためにサポートしてくれる龍。そんな龍たちに出会いたいと思いませんか？

そこで5日目は、自然観察をしながら龍を感じる方法をお伝えします。

実は、龍と出会うのに特別な能力は要りません。もともと誰もが持っている五感を磨くだけで、龍と出会えるようになるのです。

では、五感が磨ける場所って、どこだと思いますか？

それは、「**自然のなか**」。もともと私たち人間も自然の一部ですから、自然のなかに行くと、自分は自然の一部という感覚が目覚めてきて視野が広がり、見

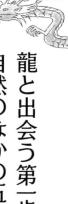

えていなかったものに気づけるようになるのです。

とくに、触覚が磨かれると、なんとなく心地いいとか、なんとなくイヤな雰囲気がするなど、目に見えないものを感知できるようになります。

実際、**龍は自然のなかに山ほどいます**が、もし「もっと自分の魅力を開花させたいな～」と思っているなら、魅力開花に詳しい龍と出会える場所を心地いいと感じるようになるでしょう。

そうなのです！　「ここ気持ちいいな～」「ここにもっといたいな～」と、なんとなく思う場所こそ、パワースポット。

五感を磨くことで、自分の感覚を信じて「あなただけのパワースポット」を見つけることもできるようになるのです。


では、具体的な五感の磨き方をご紹介しましょう。まずは、自然のある場所へ出かけます。もちろん大自然であればあるほどいいのですが、近所の公園や川沿いなど、少し自然の多い場所に散歩に行くだけでもかまいません。

自然のある場所に着いたら、まず「**視覚**」に意識を向けてください。木の形、葉っぱの形、花の色、紅葉のときの色の移り変わり、落葉樹と常緑樹の違い、川の流れ方、空の色、雲の形、光の当たり方……など。

なんの木で、なんの花かなどの知識は必要ありませんから、目で見えるものをしっかり見ることに、集中します。

次は、「**聴覚**」。耳で聞こえるものを拾ってみましょう。鳥の鳴き声、水の流れる音、葉っぱのこすれる音、風の音、車の通る音、人が通る音……など。注意して聞くと、いろいろな音が聞こえるでしょう。

その次は「**触覚**」。植物や土、雨などを触り、ざらざら感、さらっと感、しっとり感、すべすべ感などを感じたり、風の心地を感じたり、寒さ、暑さなどを感じたり……。

五感のなかでも、この3つをしっかりと感じてみます。

3つの違いを分けて感じられるようになったら、次は、2つの感覚だけを使う練習をしましょう。

たとえば、「視覚＋聴覚」なら、木によって葉の色が違うことを観察しながら風の音を聞いてみたり、「触覚＋聴覚」なら、木に触れて質感を感じながら鳥の声を聞いてみたり……。

こうして、自然のなかで、ひとつの感覚だけに意識を向けたり、選んだ感覚だけに意識を向ける練習をしていくと、これまで感じ方の鈍かった五感が目覚めるようになり、どんどん鋭くなっていきます。

すると、眠っていた回路がつながり、アイデアやひらめきが降りてくるなど、龍の存在を感じられるようになるでしょう。

「自然を愛する人」は龍とつながりやすくなる

龍は自然のなかにいると言いましたが、具体的に言うと、自然のなかに溶け込んでいる状態です。木の幹に巻きついていたり、雲そのものになっていたり、風に乗って流れていたり、土のなかをうごめいていたり……まさに、自然と同化しているといっても過言ではありません。

つまり、**私たちが自然を好きになればなるほど、龍ともつながれるようになる**ということ。だからこそ、ぜひ自然観察をしながら自然を感じてほしいのです。

たとえば、春になると、日本人はいつ桜が開花して満開になるか、とても気にしますよね。満開の時期には、お花見を計画する人もとても多いでしょう。

なぜ、こんなにも桜を気にかけるかというと、日本人は桜に対して愛着があるからです。愛着が湧くというのは、それだけ身近なものであり、距離が近いということ。ずっと昔から桜を愛《め》でてきた日本人は、チューリップよりも、ひまわりよりも、桜に対する愛着心が強いのでしょう。

私たちは、関心を寄せたものほど、愛着心を持ちます。ですから、身の回りの自然に関心を寄せてみてください。道端に咲いている花、公園の木々、青々と茂った葉、大きな木の幹、つぼみのふくらみ、川の水音、雲の移り変わり、風の肌触り……。

そこに、龍は必ずいますから、龍への思いを馳せてみてください。それだけで、龍のエネルギーがどんどん入り込み、運のいい人になれますよ。

◎木や花に「ありがとう」

自然は私たちにたくさんの恩恵を与えてくれます。でも、都会のなかで生きていると、つい自然の存在を忘れてしまいがちですよね。

そこで、自然に愛着を持つために、挨拶してみましょう。

通勤途中の道すがらにある街路樹の木、沿道に咲く花など、特定の自然物を決めて、その自然に対し、「おはよう」「今日もがんばって咲いてるね」「いつもありがとう」など声をかける習慣をつけると、自然に愛着が湧いてきます。

ただし、口に出すとヘンな人だと思われかねないので（笑）、心のなかで話しかけてくださいね。

自然に対して挨拶をするようになると、木々や花など周りの自然もこの地球に住む生命のひとつという感覚が生まれるので、人間が一番という価値観が薄れ、あらゆる自然を尊重しようという気持ちが生まれます。

こうして、**自然を愛せるようになると、人間社会だけの利益を追求する視点から、地球全体の環境を守ろう、という視点に変わるので、まさに龍の望む人となる**のです。

龍が愛する自然、龍が守ろうとする自然を、私たち人間も守っていきましょう。そんな思いを持つ人の願いは、龍も全力で叶えてあげたくなるのです。

◎チャンスのサイン＝「龍雲」の見分け方

仕事に追われたり、やらなければならないことが山積みで考え事ばかりしているときは、どうしても下を向きがちです。でも、それでは視野が狭くなってしまいますから、自然観察の一環として空を見上げてみましょう。

すると、毎日、さまざまな雲が浮かんでは消えていることがわかります。実は、**雲のなかには、「龍雲」といって、龍が雲になっているものもあります。**

誰が見ても、ハッキリ龍の形に見える雲もありますが、多くは、細長い雲としてあらわれます（飛行機雲は除きます）。

太い龍雲もあれば、細くて鎖《くさり》型のような龍雲もあったり。また、太いベルト状のいわし雲が空に横たわっている場合は、大きすぎてうろこの部分しか見えていない状態です。龍雲は特別なものでなく、意外と日常的に出ていますから、ぜひ雲を観察してみてください。

「これは龍雲だろうか？」と迷う人もいますが、自分が「龍雲だ」と思うところから感覚は磨かれます。あなたがそう思った、ということは、龍からのサインをキャッチしたということ。毎日雲を観察していくことで、これは龍雲、これは龍雲ではない、というのも感覚的にわかるようになってきます。

龍雲を見つけると、喜びでいっぱいになるでしょう。このとき大切なのは、**何月何日、どんな状況のときに龍雲が出ていたかを記録すること**です。

龍雲が出るということは、今後チャンスがやってくるよ、というサインですから、記録することで、「何かチャンスがやってくるんだ」と心がまえができ、話がきたときにふたつ返事で受けることができるでしょう。

ちなみに、誰が見ても龍の形をしている、という龍雲を見たときは、あなたのステージを上げるビッグチャンスが舞い込む可能性があります。チャンスは試練という形でやってくるかもしれませんが、それを乗り越えたとき、人間としても大きな飛躍となりますので、心の準備をしておきましょう。

龍と出会える場所

龍が集まりやすい場所、龍と出会える場所をピックアップしてみました。「ここに龍神がいるんだな〜」と思いながら、あなたの街を散歩してみてください。本書の付録『龍神ご縁御守り』を持参するのがおすすめです。

① 神社
（鎮守の杜《もり》が広いほど龍に出会える）
② ガラス張りのビル
（鏡面になっている部分は、龍の出入り口に）
③ タワー
（龍の待ち合わせ場所になりやすい）
④ ご神木
（龍にとって一休みするカフェのような役割）
⑤ 自然が多い公園
⑥ 池
⑦ 噴水
⑧ 元は海だった埋立地
⑨ 川
⑩ 湖
⑪ 展望台
⑫ 灯台
⑬ 岬
⑭ 半島
⑮ 高い山
（龍の待ち合わせ場所になりやすい）
⑯ 海
⑰ 空
（龍雲が浮いていることも）

龍神のエネルギーが入る歩き方

自然観察をするときは、自分が天と地をつないでいると意識しながら歩いてみましょう。おへそを起点として、上と下にまっすぐ引っ張られるイメージで歩くと、龍神のエネルギーが入りやすくなります。

足はしっかり地に着け、とくに足裏を意識して10歩ほどスクロールするように歩きましょう。すると、土地のなかに存在する**内省を促す「地龍」のエネルギーを受け取る**ことができ、たくさんの気づきが得られるようになります。

一方、上半身は天に糸で引っ張られているようなイメージをしておくと、天に存在する**伸びやかな成長を育む「天龍」のエネルギーを受け取れるようになる**ので、必要なアイデアや情報をキャッチしやすくなります。

こうして、天と地と両方をつなぐ意識で歩くと、龍神からのチャンスがきたときに地に足を着けて、しっかりと取り組むことができるようになります。

◎新しい土地で龍神の後押しをもらいたいとき

旅行や引っ越し、出張などで**新しい土地に降り立ったときは、その土地に棲む「地龍」にご挨拶しましょう。**するとより強力なサポートをもらえます。

近くに神社があれば神社へ、時間がなかったり神社が見当たらないときは、その土地の地面であればどこでもかまいません（コンクリートでも大丈夫）。靴を履いたまま足裏をしっかりと地面に着けて、地龍とその土地の神様たちにご挨拶します。

「この土地でおこなう交渉がうまくいきますように。よろしくお願いします」

「この土地に事業展開させていただきたいので、よろしくお願いします」

「この土地に何日間か旅行で滞在させていただきますので、よろしくお願いします」

「この土地に引っ越してきましたので、よろしくお願いします」

その土地を去るときは、「ありがとうございました」と軽く挨拶をしてください。龍の存在を常に意識してくれるあなたに、龍は惜しみなくサポートしてくれるでしょう。

DAY 6

龍神に願いを届ける「神社参拝法」

神社の神様は、人間と話したがっている!?

ここまで5日間のワークを通して、龍とは仲良くなれたでしょうか？　6日目は、いよいよ龍神に願い事を届けるための神社参拝法についてお話しします。

古代から、日本人はあらゆるものに神様が宿ると信じてきました。山、森、木、川、石などの自然物はもちろん、台所、トイレ、玄関などの場所、そして、犬や馬などの動物……。八百万《やおよろず》の神とともに生きてきた日本人にとって、神社で神様に手を合わせると、心が落ち着き、敬虔《けいけん》な気持ちになる感覚は当然のことなのです。

実際に神社とは、神の次元と、人間の次元が交わる場所です。とはいっても、いい子にしていなければ神様に怒られるというわけではありません。神様たちは、人間とコミュニケーションしたくて、ウェルカムの姿勢で待ってくれています。ですから、**参拝の本質とは、神様と気軽にお話をすること**。神様は、特別で怖い存在ではない、ということを覚えておいてくださいね。

では、神社にはどんな神様がいるかというと、まずは、その神社のご祭神《さいじん》です。そして、6ページでも説明した通り、神様のなかのひとつである龍神も必ずいます。なぜなら、実際に人間の願い事を神様に届けてくれるのは、龍神だからです。

ご祭神というのはその神社の神様。基本、その土地で起こることを管轄しているので、そこから動きません。ですので、「海外で暮らしたい」というお願いがあった場合、海外との接点をもたらしてくれるのは、龍神の役目。**必要なところにアポイントを取りに行って必要な神様とつなげてきてくれるのは、龍神**なのです。

それだけではありません。神様にだって部下はたくさんいます。実際に手となり、足となり働いてくれる存在、それが「神使《しんし》」です。

たとえば、狛犬《こまいぬ》、狛兎《こまうさぎ》、狛亀《こまかめ》、龍……会社で言えば、アシスタントのような存在。このように、神社には、山のように神様や龍神たちが集まっているのです。

なかでも、龍が好きな場所は、神社のご神木、山、鎮守の杜、池、磐座《いわくら》（信仰の対象となる岩）などです。そもそも神様とは高次の自然エネルギーなので、人間が建てた本殿《ほんでん》などの建築物よりも、自然のほうが好きです。

実際、ご神木を見ると、龍たちがとぐろを巻いて休んでいます。その神社を守る龍もいれば、遠いところから飛んできた通りすがりの龍もいます。

人間の世界で言えば、ちょっと一休みをしたいときに寄る、心地よいカフェのようなイメージ、それがご神木なのです。

◎龍神には遠慮なくお願い事を伝えよう！

よく、神社ではお願い事をするのではなく、感謝だけにするという話も聞きますが、**龍神はどんどんお願い事を聞きたいと思っています。**

なぜなら、龍神の願いは、人間が変化・成長していくことだから。人間が大切なことに気づき、成長していくことこそ龍神の栄養となるので、感謝だけではコミュニケーションをとったことにならないのです。

ただし、何も努力せずに、棚から牡丹餅《ぼたもち》を期待するようなお願いはＮＧです。

たとえば、「〇〇大学に合格できますように」とお願いをした場合、勉強を全くせずに、試験を受けることなく、大学に合格することはできませんよね。

やはり、日々コツコツと勉強をして、試験を受けに行く努力はすべきこと。

神様や龍神は、その努力を見てベストパフォーマンスが出せるように調整してくれたり、事故に遭わずに試験会場に連れていってくれたりと、願いが叶いやすいように環境を整えてくれるのです。

つまり、**人間と神様、龍神の協働作業で、願い事を実現させていく**のが祈りです。お互いの相乗効果で素晴らしい現実を創っていく、そのために、龍神は大きな役割を買って出ています。

ですので、神社に行ったら、積極的にお願い事をしていきましょう。お願いの方法は、次項以降の説明を参考にしてください。

参拝のとき、どこに祈りを向けるといいか

神社に参拝に行くと、拝殿《はいでん》（祈るための場所で賽銭箱《さいせんばこ》が置かれているところ）の前で、神様が祀《まつ》られているとされる本殿《ほんでん》に向かって祈るのが一般的ですが、神様や龍神は、基本、本殿にはいません。木や山、川、岩など、心地いい自然のなかにいます。

ですので、**自然に向かってご挨拶をするのがおすすめ**です。よく、本殿の裏手に回ると「禁足地《きんそくち》」と言われる場所があったりしますが、そういう場所は、神様や龍神、龍にとって静かな別荘のようで、とても好む場所です。

では、なぜ社殿《しゃでん》（神社内の建物の総称）ができたのでしょうか？

前項でもお伝えした通り、古代から日本人はあらゆる場所に神様が宿ると考えてきました。とくに、海や山、川、岩などの自然には畏敬の念を抱き、祈りを向けていたと言われています。実際、ご神体が山だったりする神社も存在していますよね。

農耕が始まってからは、自然に起こる現象が生活と直結していたため、雨が降らなければ雨乞いの儀式を、豊作を願って感謝の儀式をと、祭祀《さいし》をとりおこなう機会も増えていきました。そのたびに、神様を降臨させるために、磐座やご神木を依《よ》り代《しろ》にしていたのです。

しかし、神が降臨するような場所は、自然の聖地。禁足地と言われるような場所に踏み入らずに祈るために、祭壇がつくられていったのです。

当時の祭壇は、1回ごとにつくっては壊す、という使い捨てのものでしたが、仏教伝来とともに、建築技術も渡来。伽藍《がらん》などが建てられるようになり、常時祈れる場所として、社殿というものがつくられるようになったのです。

お参りする場所ができたことで、そこにたくさんの人が集まるようになりました。そのため、神社仏閣は、政治的にも利用されるようになり、時の権力者たちは寺社勢力と結びつきながら、権力をふるうようになっていったのです。

このような歴史的背景から、神社に参拝したら拝殿で祈るというのが一般的になっていったと考えられています。

◎神様や龍神がいる場所を自然観察で探す

では、参拝のとき、どこに祈りを向けたらいいのでしょうか？

そこで、2パターンをお伝えしましょう。

❶拝殿で軽くご挨拶＋その後、境内の自然に向かってしっかり祈る――鎮守の杜など自然豊かな神社や、ゆっくり時間がとれるときなどにおすすめ。

❷拝殿で祈りまですべての過程を終える――都会のなかにある小さな神社など、

あまり自然物がない神社や、急いでいて時間がないときなどにおすすめ。

そもそも拝殿とは「神様や龍神と交流をはかりにきました」という軽い挨拶をする受付のような場所です。ですから、自然豊かな大きな神社であれば、まず拝殿で「今日は、こちらの神社で参拝させていただきますので、よろしくお願いいたします」と軽く挨拶をし、その後、境内をうろうろ散歩しながら、「大きなご神木があるな」「お花がキレイに咲いてるな」「こんなところに立派な岩があるな」など、自然観察をして、もっとも気になる場所を選びましょう。

そして、その場所で、本当に祈りたいことを祈ります。すると、**神様や龍神はその場にいるので、よく願いも届く**のです。

ただし、いつも拝殿で祈っていた人は、木や岩などに向けて祈ることが不慣れなため集中できないかもしれません。そんなときは無理をせず、拝殿で祈りまで終える②をメインにしながら、少しずつ自然に目を向けていくようにすれば、大丈夫です。

境内のなかに自然物があまりなかったり、都会でコンクリートに囲まれたビルとビルの間にあるような小さな神社だったりすると、自然物に祈りたくても難しいものです。

そんなときは、②の方法をとり、拝殿で祈るだけで大丈夫です。

先ほど、拝殿は受付のような場所と言いましたが、神様方や龍神たちはどこにいてもこちらが呼べばきてくれます。なにしろ、人間とコミュニケーションをとりたいので、とっても身軽なのです。

ですので、**拝殿で祈る場合は、神社の境内すべてをイメージしながらご挨拶をするといい**でしょう。

祈り方は、152ページに詳しく書きましたので、そちらをご覧ください。

なお①、②のいずれの方法をとる場合も、参拝時には本書の付録『龍神ご縁御守り』を持参し、境内で107ページの「龍神イメージング呼吸法」を行うのがおすすめ。さらにパワーチャージができます。

神様や龍神との交流を楽しみながら参拝しよう

2つの祈る方法がわかったところで、神様や龍神にしっかりと願いを届けるための神社参拝法について、お話ししたいと思います。

神社に行くと、まず最初に目に入るのは鳥居ですね。鳥居とは、人間の次元から、神様や龍神の次元に入る扉のようなもの。つまり、鳥居をくぐるということは、神様や龍神のホームに足を踏み入れると思ってください。

鳥居をくぐると、拝殿に向かって参道が延びています。**参道とは拝殿にたどり着くまでに、不要なものを祓《はら》っていくための場所。**

神道の用語では「禊《みそぎ》」といい、こだわりや思い込み、固定観念、常識……など、神様や龍神の世界では必要ないものを落としていくのです。

そこで、参道に入る前にあるのが「手水舎《ちょうずや》」。ひしゃくに水をすくって手や口を清潔にしますが、このときも水の力で龍神とともに、不要なものを洗い流す気持ちでおこないます。

神社によっては、参道に玉砂利がしきつめられています。砂利の上を歩くと、ジャッ、ジャッと音がしますが、実は、この音でも不要なものを祓うことができます。ですので、参道を歩くときは玉砂利を踏みしめてその音を聴きながら、不要なものが祓われていくイメージをしましょう。すると、スッキリしたところに龍神パワーが入ってきやすくなります。

参道の途中に、摂社《せっしゃ》（御祭神と縁の深い神を祀った小さな社《やしろ》。参道の脇などに建立されていることが多い）や末社《まっしゃ》（摂社に次ぐ社で、参道の脇などに建立されていることが多い）がありますが、気になる場合は立ち止まって手を合わせてください。お賽銭は、入れても入れなくてもかまいません。

社殿に向かう途中に、気になる自然物やスポットがあれば、寄り道してかまいません。撮影したい場合も「先に写真を撮らせていただきますね」と神様や龍神に心のなかで断れば、失礼に当たらないので大丈夫です。

参道を歩いて拝殿に着いたら、賽銭箱にお賽銭を入れましょう。

高額なお金を入れたほうが願いを聞いてもらえそう、と思うかもしれませんが、金額は関係ありません。

余裕があって、その神社を維持管理してくださっている神社の方や氏子《うじこ》さんたちに対して、ある程度のお金を手渡したい場合は、「初穂料《はつほりょう》」という形で封筒に入れ、社務所に持っていけばいいのですが、大事なのは、神社に何度も足を運ぶこと。ですから、無理せず、通い続けられる金額をお賽銭として入れてほしいのです。

私は、普段は100円玉、500円玉など、銀色の硬貨をお賽銭にして、「ここには多くお渡ししたい」という神社では「初穂料」という形でお渡ししています。

参拝法というと堅苦しくとらえがちですが、「こうしないとダメ」ということはありません。

作法にとらわれすぎず、神様との交流を楽しんでくださいね。

龍の後押しが得られる祈りの飛ばし方

拝殿の前で、賽銭箱にお賽銭を入れて鈴を鳴らし、二礼二拍手したら、次はいよいよ祈りの時間です。ここでは、拝殿で祈りまですべて終える場合を念頭に置きながら説明していきます。

まず、両手のひらをしっかり合わせ、親指をクロスさせます。(右手の親指、左手の親指、どちらが上になってもかまいません)。親指をクロスさせるのは、神様と人間の和合をあらわすためです。

拝殿で祈るときは、目をつぶりません。あくまでも神様や龍神とのコミュニケーションなので、**目を開けて、見たいところを見ます。**

最初は、祭壇の鏡だったり、扉だったり、御幣《ごへい》（2本の紙垂《しで》を木にはさんだ神祭用具）だったりを見ることが多いでしょう。余裕が出てきたら、周囲を見回して全体に意識を向けてみましょう。そこが、祈りを飛ばす場所になります。

場所が決まったら、**両手を合わせた中指から、ビームが出ているイメージをしてみましょう。中指の先がアンテナとなり、そこから自分の思いが照射されているよう**な感じです。このとき、神様や龍神は、あなたと目線の合うところにきてくれていますから、安心してください。

まず、「住所」「名前」「生年月日」を伝えます。そのあと、「**○○神社にいらっしゃる神様方、龍神たち。今日は、よろしくお願いいたします**」と挨拶します。

ポイントは、ご祭神の名前だけを言ってお願いしないこと。先ほどもお話ししたように、神社には神様、龍神がわんさかといらっしゃるからです。

挨拶をしたら、メインの願いを伝えます。たとえば、「今日は、転職のお願いをしにまいりました。もっと自分の実力を活かせるやりがいのある会社に転職できたら嬉しいです。そのために、自力を発揮するので、他力をお貸しください」というふうに。その後、一礼をして終わります。**「自力を発揮するので、他力を貸してください」。ここがポイントです。**

何度も繰り返しますが、龍神は人間の成長と発展のために力を貸したいと思っています。ただそのためには、人間側の受け入れ態勢を整える必要があります。そこで、「自力を発揮するので、他力を貸してください」という祈り方をすると、この人は受け入れ態勢があるとわかるので、龍神も惜しみなくサポートしてくれるのです。

願いを伝えるときは、両手を合わせたまま中指の先からビームが出ているイメージでと言いましたが、**慣れてきたら、全身から願いが照射されて、まるでキラキラの光で辺りが埋め尽くされるように、周りに思いが広がっていくところをイメージ**してください。

これができるようになると、龍神からの後押しも格段にアップします。思いを広げた分、返ってくるようなイメージです。

◎自力と他力の協働作業がカギ

実は、戦国武将たちも、戦に勝つために神社にお願いをしていました。その際に「もし戦に勝ったら、◯◯の領地と金品を寄進する」という朱印状（将軍の公的文書）を寺社に送っていました。

神様や龍神の他力のサポートを得て戦に勝つことができれば、神様や龍神を祀るその神社に多大な財力を与えることで、お互いに発展していこうというギブ＆テイクを提案していたのです。

現代でも、この風潮はそのまま引き継がれています。たとえば、西武グループの創業者、堤康次郎氏は、箱根駒ヶ岳山頂にある箱根神社の元宮を再建したり、箱根神社の摂社である九頭龍《くずりゅう》神社本宮の土地を買い取り、維持管理に尽くしました。箱根神社は、強力なエネルギーがみなぎる龍神スポットとしても有名です。

また、パナソニックの創業者、松下幸之助氏は、火災により焼失した浅草寺の雷門を再建し、大提灯を奉納しました。浅草寺の由来は、観音様と一緒に金龍があらわれたとされており、ここも龍神と深い関係があるパワースポットです。

今では、これら2社は日本を代表する大企業に発展していますが、これも神様や龍神の力を借りて、自力と他力の協働作業を願ったからなのかもしれませんね。

こんなふうに、**戦国時代も現代も、トップに君臨する人たちはみな、神様や龍神と協働して発展してきた**のです。

私たちが神様にお願いするときも、願いを聞き入れてもらうための祈り方はこの方法と変わりません。ただし、自力は身の丈に合ったものでかまいません。自分が成長、発展していくためにできることをがんばれば、神様や龍神はその努力をしっかりと見てくれていて、願いを叶えるよう動いてくれるのです。

◎神社以外の場所での祈り方

祈りの飛ばし方について詳しく説明しましたが、実は、いつでも自分が思いを飛ばすアンテナになることができれば、究極、神社に行かなくても「ここ気持ちいいな〜」と思うスポットで、祈りができます。

たとえば、山登りをしながらすごく心地いい場所があれば、そこで祈りを飛ばすこともできますし、公園に咲くお花を見ながら、祈りを飛ばすこともできます。

「気持ちいいな〜」と思う場所には、必ず龍神がいますから、あなたの願いはちゃんと届いているのです。

あなた自身が思いを飛ばすアンテナになることで、神様や龍神はその思いをちゃんとキャッチして、願いを叶えるために力を貸してくれるのです。

人間が龍神に向けてお祈りをする。それは、まさに龍神にとってのエネルギー源ですから、祈りとは、両者にとってＷＩＮ－ＷＩＮの関係なのですね。「こんなことをお願いしたら、怒られるのではないか」など消極的な考えは捨てて、どんどん自分の成長と発展のために、祈りましょう。

龍神は、あなたの貪欲な祈りを待っているのです。

神様や龍神との、ほどよい距離の取り方

神様や龍神は、私たちに力を貸したいと思っているフレンドリーな存在ですが、どのような距離感を保てばいいのかというと、人間と同じように考えて大丈夫です。

たとえば、初めて会う人と会話する場合、敬語を使いますよね。何度も会って少しずつ打ち解けていくうちに、言葉も少しずつくだけてカジュアルになり、それと比例して、親密度も増していく。これが、自然な距離感でしょう。

神様や龍神も、これと同じ距離感を求めています。初めて参拝する神社であれば「はじめまして」という態度で、何度も参拝して気心が知れた神社なら友

達のような口調でいいのです。

とはいっても、神様や龍神にくだけた口調で話すのはとまどうかもしれません。その場合は、**親友に話すような気持ちで敬語を使ってください。**

たとえば、会社のなかで新しい事業を立ち上げる部署に異動したい、という願いがあるなら、「こんにちは。神様方、龍神たち、いつもありがとうございます。実は、今度できる新しい部署に異動したいと思っているんです。私も精一杯がんばりますから、他力を貸してくださいね。よろしくお願いします」という感じです。

仲良くといっても、踏み込みすぎはＮＧです。実際、クライアントのなかには「何度も通ってるんだから、叶えてよ！」と、横柄な態度で参拝されている方もいらっしゃいました。その方の人間関係を見てみると、やはり、慣れ親しんだ相手に対して横柄な態度を取られる方で、人間関係でも苦戦されていました。

「親しき仲にも礼儀あり」と言われるように、いくら距離を縮めるといっても、神様、龍神との間の礼儀は、しっかり守ってください。

逆に、いつまでたっても敬語を崩さずくだけてくれない人と話していると、距離を縮めたくても縮められず、寂しい気持ちになりますよね。神様も一緒です。ほどよく距離を縮めて、神様、龍神と仲良くしてください。神社参拝が楽しくなるでしょう。

◎愚痴は神社で聞いてもらおう

日常生活をしていると、ときには愚痴を言いたくなることもあるかもしれません。そんなときは、他人に言わず、神社で神様や龍神に言いましょう。

拝殿で軽くご挨拶をしたあと、境内のベンチやリラックスできるところで、「ねえ～、龍神聞いてよ～。今日、仕事で上司にイヤミ言われちゃって、すごく落ち込んでるんだ。何も人前で言わなくたって……。なんで、私ばっかり、目の敵にされちゃうんだろう。すごく悔しいよ～」というように、感情を吐き出します。ただし、実際に口に出さず、心のなかでつぶやいてくださいね。

ネガティブな感情を神社で吐き出すなんて、神様や龍神に呆れられてしまうのでは、と思うかもしれませんが、逆です。**ネガティブな感情はためると爆発しますが、その都度吐き出すことで、スッキリとしたところに気づきが生まれてくる**のです。

ですので、神社で吐き出して手放す、という意識で、神様や龍神に愚痴を吐き出しましょう。

愚痴を言ったあとは、「聞いてくれて、ありがとうございます」とひとことお礼を忘れずに。神社で愚痴を吐いたら、日常にそのことを持ち込まないようにします。

神様や龍神は、すべての感情を大切にしてメリハリをつけるあなたを、優しく見守ってくれるでしょう。

おみくじは、龍神からあなたへのメッセージ

神様や龍神にお願い事を伝えたり、愚痴を言ったりして、コミュニケーションをとったあとは、ぜひ、おみくじを引きましょう。おみくじは、年明けに1回だけ引くものではなく、そのときそのとき、神社で神様や龍神からもらえる、わかりやすい日本語のメッセージです。「今、私に必要なことを教えてください」と思いながら引くと、さっそく龍神からの課題が書いてあります。

多くの人は、おみくじが大吉だったか、中吉だったか、小吉だったかを気にしますが、そこはあまり関係ありません。注目していただきたいのは、最初に書かれている総括の文章や和歌などです。恋愛・転居・学業・健康などの欄はおまけだと思ってください。

総括の文章や和歌などを読むと、今後具体的にどのようにしていけばいいのか、課題が書かれています。それを自分の心と照らし合わせると、まさに今、自分に必要なことが言い当てられているはず。ですので、神様や龍神からのありがたいアドバイスと思って、受け止めましょう。

おみくじは、境内の決められた場所に結んでもいいですが、おすすめは持ち帰って、何月何日と日付を書き、おみくじボックスに保管しておくことです。すると、半年前はこんな課題があったんだな、など自分の成長を確認できるツールとなります。

たまったおみくじは、年末、神社のおたきあげに出しましょう。初詣に行く神社や、近所の神社にまとめて出してかまいません。こうして、おみくじを有効活用することで、龍神のメッセージを目に見える形で拾うことができるようになるのです。

◎絵馬と龍のWパワーで願いを叶える

神社の境内を散策していると、たくさんの願いが書かれた絵馬がかけられているのを目にしたことがあるでしょう。絵馬に願いを書くと、願いが叶うような安心感がありますが、実際、**絵馬とは願いを叶えるパワーアップアイテム**なのです。

その理由は、絵馬の起源にさかのぼるとわかります。昔は、願い事を神様に届けるため、神社に馬を奉納していました。馬は神様の乗り物と言われていたからです。でも、本物の馬を奉納するのは、奉納するほうもされるほうも大変だったので、その後、大きな紙に馬の絵を描いて奉納することが一般的になりました。

こうした馬の絵を奉納できたのは特権階級のみでしたが、江戸時代の中頃になり、庶民の間でも、神様に奉納したいという風潮が広がり始めました。しかし、大きな絵は難しいため、馬の絵を描いた小さな木の板に、願い事を書いて奉納することになったのです。つまり、絵馬とはもともと神様に願いを届けるアイテムという意味ですから、本当に願い事が叶いやすくなるのです。

さらには、絵馬に願い事を書くと、龍神の力をパワーアップさせることができます。なぜなら、馬は昔から神様の乗り物であると同時に、龍に捧げる生き物でもあったからです。実際、京都の貴船《きふね》神社（172ページ参照）や、奈良の丹生《にう》川上《かわかみ》神社などには、奉納された馬は龍になるというお話が残っています。

つまり、**龍の力をパワーアップさせるアイテム、それが絵馬だと思いながら、願い事を書きましょう。**パワーを出すというのは、本気になるという意味ですから、こちらが願い事をなんとしても実現させたいと本気になればなるほど、龍も大きなパワーを貸してくれるのです。

○お守りで龍神との約束を思い出す

神社に色とりどりに並ぶお守りも、**龍神に想いを向け続けるアイテム**です。お守りとは普段から身に着けるものですから、お守りを見るたびに、「あの神社で、○○という願い事をしたな。龍神に自力を出すから他力を貸して、とお願いしたけれど、ちゃんと自力を出せてるかな」と、振り返ることができます。また、つらくなったときは、「あのとき、この神社で龍神に加護を願ったじゃないか。だからきっと大丈夫！」と、気持ちをリセットすることもできます。

参拝して満足するのではなく、願望実現のために自力を出し続けているかを龍神は見ていますから、お守りは、思い出して龍神に想いを向けるアイテムとして有効です。

龍が好む神社、好まない神社

一般に龍が好む神社は、「豊かな自然のなかにある神社」「周りの人たちに愛されている神社」の2つです。

1つめの「豊かな自然のなかにある神社」を龍が好むのは、前述したように龍は自然のなかに溶け込んでいるからです。**社殿が小さくても、湖のほとりにあったり、山をご神体としていたりなど大自然が控えている神社は、龍のお気に入りです**。

2つめの「周りの人たちに愛されている神社」とは、**その神社を大切に思っている人たちが集まる神社かどうか**です。たとえば、その神社を支えたいと思う崇敬会《すうけいかい》（神社を支援するための会）がしっかりしていて、周辺の人たちが常に気を配るような神社であれば最高です。

過疎地に行くと、ときどき草がぼうぼうに生えていて手入れがされていないように見える神社もありますが、その場合、年に1回でも、村人全員で集まって、いっせいに草むしりをするなど、**その神社に対して意識が向いていれば、龍はちゃんときてくれます。**

また、都会の神社であっても、たくさんの参拝客が訪れて真摯なお祈りがされている神社であればそれは龍のエネルギー源となりますから、豊かな自然がなくても、龍は好みます。

反対に、龍が好まないのは、参拝ルールがたくさんあるようなこだわりの多い神社だったり、ビジネスにかたよりすぎ、オカルトにかたよりすぎるような神社です。

実際に神社に足を踏み入れてみて、心地悪い感じがするような神社への参拝は控えるようにしましょう。常に自分の感覚を信じてくださいね。

支《し》笏《こつ》湖
北海道

鳥《ちょう》海《かい》山《ざん》大《おお》物《もの》忌《いみ》神社
山形県 & 秋田県

龍が好む 全国おすすめ神社& スポット

龍神の後押しを得られるおすすめ神社 & 寺院、そして、強力な自然エネルギーにあふれる龍神が集まるスポットをご紹介します。

東日本

日光(二荒《ふたら》山) 栃木県

男体山を主力とする聖地。男体山から中禅寺湖、華厳の滝を経て、龍脈と言われるよき流れのエネルギーが得られる。

品川神社 & 荏原《えばら》神社 東京都

どちらも都内では珍しい龍神を祀る神社。互いに対になるエネルギーを持つ神社のため、あらゆるバランスを整えたいときに。2 社を参拝するのがよいが、都合によりどちらか 1 社だけでも OK。

洲崎《すのさき》神社 千葉県

龍神を祀る品川神社(東京)と同じエネルギーでつながっている神社。想像をはるかに超えたチャンスを得たいときに。

諏訪《すわ》大社　長野県

古来から朝廷にも名の知れた龍神が棲むといわれ、上社《かみしゃ》（本宮《ほんみや》、前宮《まえみや》）、下社《しもしゃ》（春宮《はるみや》、秋宮《あきみや》）の 4 社で一つのチームを組む神社。よい人材が欲しいとき、複数のマネジメントをしたいときなどに参拝を。4 社全部を参拝するのがベスト。

有珠《うす》山　北海道

現在も活動が活発な活火山。地中のエネルギーが地上に湧き出るため、龍神の大きなエネルギーを得られる。

富士山　山梨県 & 静岡県

日本を代表するトップオブトップの霊山。日本の龍神たちの聖地であり、オールマイティのエネルギーが得られる。

鹽竈《しおがま》神社　宮城県

東北の龍神の要のひとつ。知性を高め、現実を導く神社であり、昇格や自身の成長など、ステージアップしたいときに。

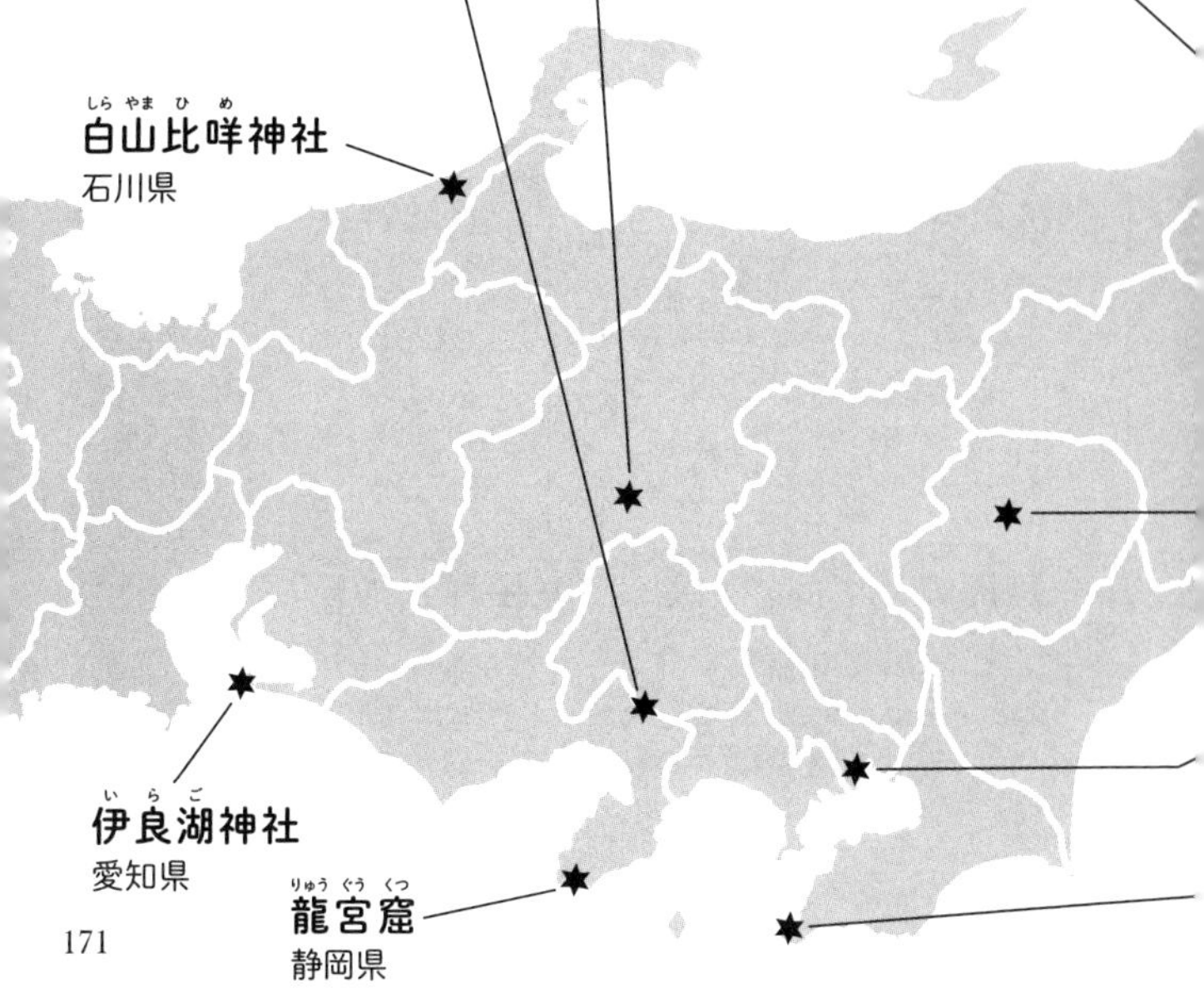

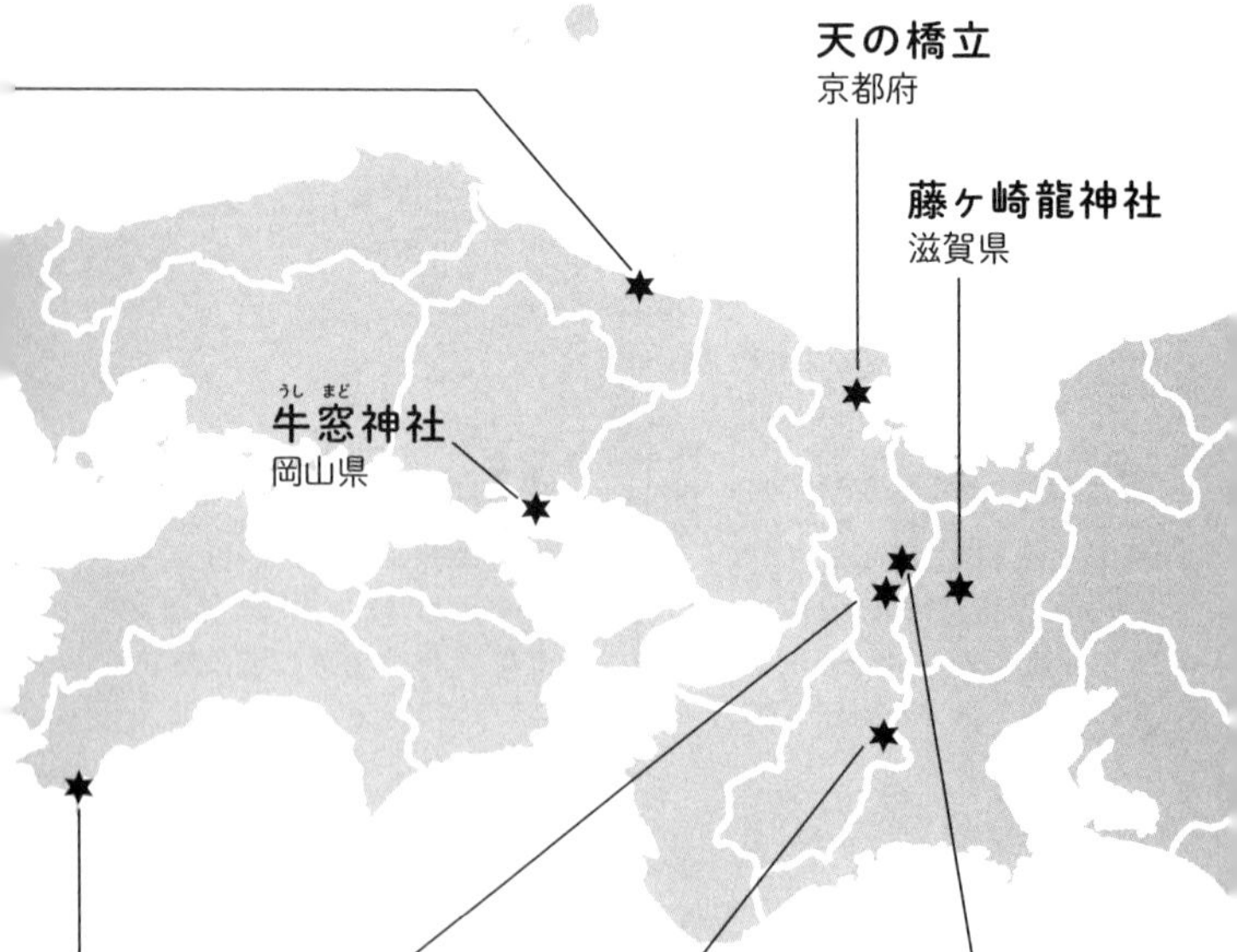

神泉苑《しんせんえん》　京都府

京都に龍神のエネルギーを放出する要の場所。各地の龍神たちの出没場所となる。「ここぞ！」という願いがあるときに。

貴船《きふね》神社　京都府

龍神たちのエネルギーの源泉のひとつ。ここから龍神たちのネットワークで、各地へ龍神のエネルギーが行き渡る。新しいことを始めるときに。

足摺岬《あしずりみさき》　高知県

黒潮の力を目の当たりにすることが可能な聖地。物事を勢いよく進める龍神のエネルギーを得られる聖地。

室生龍穴《むろうりゅうけつ》神社　奈良県

龍神のエネルギーが噴出する場所であり、そのエネルギーを受け取る機能を兼ね備えた神社。大きなチャンスをつかむため、もしくは長期プロジェクトなどでエネルギーを補いたいときに。

白兎《はくと》神社　鳥取県

因幡《いなば》の白兎の神話で有名な神社。隠岐の島から本州に渡ってきた白兎は大国主命《おおくにぬしのみこと》と出会い、出雲の神様と八上《やかみ》姫の縁を取り持つキーパーソンに。離れている者を結ぶことから、龍神のエネルギーを持つ。パートナーとのご縁、またはキーパーソンとご縁が欲しいときに。

西日本

屋久島　鹿児島県

九州から本州の生態系が凝縮されている聖地。あらゆる人脈を広げる龍神のエネルギーを得られる。

沖縄県全域　沖縄県

龍神の本拠地のひとつである、大龍宮の聖地。龍神からの後押しを現実に活用するエネルギーを得られる。

COLUMN

空海が呼び寄せた龍神が棲む「神泉苑」

京都の二条城のすぐ脇にある「神泉苑」の地は、平安京ができる前から名高い湧水地《ゆうすいち》として知られていた場所で、桓《かん》武《む》天皇が平安京を造られたとき、神泉苑は内裏《だいり》の庭となり、皇族たちの憩いの場として賑わっていました。

824年、ひどい干ばつに見舞われ困った天皇は、雨乞いをするため、東寺のトップであった弘法大師空海と、西寺のトップ守敏《しゅびん》を呼び寄せ、どちらが雨を降らせることができるか、対決させました。その際、空海はインドから「善女龍《ぜんにょりゅ》王《うおう》」という龍神を呼び寄せ、それによって、日本中に雨が降ったと言われています。

それからというもの、神泉苑には善女龍王という龍神が棲まわれるようになり、どんなに日照りが続いても涸《か》れることのない池という伝説となって語り継がれています。

また、神泉苑には願いを唱えながら渡ると成就すると言われる「法成橋《ほうじょうばし》」という朱色の美しい橋があり、今なお、善女龍王のご利益が得られる人気のパワースポットとして、多くの人に親しまれています。

DAY 7

龍が手放したくない人になる「龍神思考」

自分には価値も影響力もあると考える

とうとうワーク最後の日、7日目になりました。最後の章では、龍神の後押しを得て、さらに、龍神が手放したくない人になる考え方、いわゆる「龍神思考」と言われるものをお伝えします。

その1つめは、「**自分は影響力を与えることができる人である**」という思考。

世の中は変わってほしいと思うけど、自分の力なんてちっぽけで、なんの役にも立てない……と思う人も多いかもしれません。

たしかに、テレビや雑誌などで、たくさんの人に影響を与える有名人と比べると、自分は無力と思ってしまう気持ちもわかります。でも、人は誰でもその人にしかない価値を持っています。たとえば、なぜか一緒にいるだけで癒やされる人は、相手を包み込むような優しさこそがその人の価値ですし、人気のパティシエは、手先の器用さと誰にも真似できないスイーツに対するセンスを持っていることこそが価値です。

私たちは、自分の価値を世の中に手渡すことで、世界を創っているのです。ということは、**誰もが他者の価値の恩恵を受けて生きている**ということ。だからこそ、その価値を受け取った恩返しとして、自分の価値を世の中に与えて貢献するためにも、誰もが影響力を与える一人だと、当たり前のように思えることが大前提なのです。

影響力の広さについては、その人がそのとき与えられる状況でいいのです。家庭のなかだけでもいいし、自分の住む地域でもいいし、日本という社会、世界にまで広げていってもかまいません。それは、そのときの立場によって変わるものです。

大切なのは、**変化を怖がらないこと。**

龍神は、人間を成長させるために必ず変化が必要になる課題を与えてくれます。変化を恐れながらも、きちんと向き合ってこなしていく。龍神はそんな志を持った人と交流して、地球をよくしていきたいと思っています。

ですから、自分の影響力を小さく見積もらないでください。誰もが自分の価値をしっかり発揮していけば、この世はプラスの影響力で満ちあふれ、素晴らしい世界になるのです。

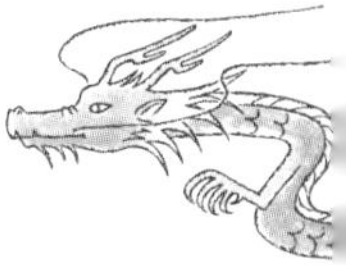

都合の悪い出来事は、龍からの課題

夫が全然話を聞いてくれない。

上司に残業をいつも押しつけられる。

合コンで恋人を見つけるなんて、バカじゃないかと思う。


自分にとって腹立たしい出来事が起こったとき、あなたはどうしますか？

相手のせいにして、自分のことは顧みない？　それとも、自分にもよくないところがあったのでは、と内観してみる？

たいていの人は、自分を顧みることなく、相手のせいにして終わります。なぜなら、そのほうが自分にとって都合がいいからです。もし、自分にも何かよ

くないところがあったのではないかと内観すると、自分の見たくない部分が見えてきます。たとえば、夫の話を聞いていない自分、断ることが苦手な自分、男性と付き合うのを恐れている自分など。

それらは、自分にとってすべて都合の悪いもの。つまり、**自分が受け入れていないものを見せられて、腹が立っている**のです。

実は、これらの出来事はすべて龍神による課題です。「もっと相手に共感することを学ぼうね」「自分の意見をハッキリ言えるようになろう」「大切な人と関わる恐怖があることを認めよう」など。それらに気づかせるために、龍神が与えてくれる課題です。

けれど、はなからそれらの課題を無視して、相手のせいにばかりしているのは、龍神の存在自体をないことにしているのと同じこと。なので、龍神は交流を持ちたくても持てません。

人間にたとえるなら、苦言を呈してくれる人こそ、本当にあなたのことを考えている人なのに、その人を嫌って遠ざけ、YESマンとしか付き合わない、という感じです。そのような人は、多様な価値観を受け入れられないので、周りから信用をなくしていくでしょう。

同様に、自分にとって都合のいいことばかりしか受け入れない人は、龍神も離れていきます。

龍神が成長させたい人は、壁にぶつかったときに、内観して自分の改善すべき点をしっかり見据える人です。

そのような人になれたら、龍神は手放しません。

◎感情と事実を切り分けるワーク

では、腹立たしいことやイライラすることが起こったときは、どうすればいいのでしょうか？

そこで、ぜひ実践してほしいのが、「感情と事実を切り分けるワーク」です。

184ページにあるように、まずA4の真っ白な紙を1枚用意します。その紙を横にして、真ん中にまっすぐ線を引き、左側に「感情」、右側に「事実」と書きます。

たとえば、いつも一緒に行動していた仲のいいA子が、自分を誘わず違う友達と旅行をしていたことを知って、ショックを受けたとします。

その場合、「感情」のほうに、「私に声をかけずに内緒で友達と旅行してたなんて、ひどい!」「親友だと思っていたのに、裏切られた気持ちだ」「私のことを嫌ってるのかな?」「何か嫌われるようなことをしちゃったのかな?」など。湧き出てくるネガティブな感情をどんどん書き出します。

次に、右側の「事実」の欄に、感情をはさまず起こった事実を書き出します。すると、「A子は別の友達と旅行をした」というシンプルな行動だけが取り出されます。

こうして、感情と事実の両方を見比べてみると、「A子は、友達に旅行を誘われたから一緒に行っただけかもしれない」など、感情と切り分けて考えることができるようになります。すると、相手の気持ちをあれこれ憶測してネガティブになっていたけれど、「実は、単なる思い込みだった」ということに気づけるようになるのです。

つまりは、**感情のフィルターを通して事実を見るから、歪んで見えることもわかる**のです。

このワークは、感情と事実の切り分けをするためにとても有効です。最初のうちは、腹立たしいこと、イライラすることが起こるたびに、紙に書き出しましょう。

そのうち、頭のなかで整理できるようになり、感情にのみ込まれないようになれますよ。

［ 事 実 ］

会議に 1 分遅れたら、叱られた。

他の人は時間通りに席に着いていた。

他の人が遅れたときも、叱られていた。

→嫌っているわけではないのかもしれない。

母に「家事をしない夫」を悪く言われて口論になった。

→私のことを心配してくれているだけでは？

スーパーで「もう帰るよ」と何度も息子に言ったが、

お菓子売り場から動かなかった。

大好きなテレビキャラクターのお菓子を見ていた。

→どうしてもお菓子が欲しくて、

私の声が耳に入らなかっただけかもしれない。

感情と事実を切り分けるワーク　サンプル

［　感　情　］

例1　なんで上司はいつも私を目の敵にするの？
私の何かが気に入らないのかな？
一生懸命仕事をしてるのに、やる気をなくしちゃう。
もう、会社に行きたくない！

例2　母はなんで私の言うことをいつも否定するの？
私のことを褒めてくれたことなんて、一度もない！
私はどうせ愛されてないんだ。悲しい……。

例3　子どもが親を無視するなんて腹立たしい。
なんで何回言っても言うことを聞いてくれないの？
親をバカにしてるの？
みんなの前で怒らなくちゃいけなくて、恥ずかしかった。

焦点は「できている部分」だけに当てる

必ず儲かる！
楽して痩せる！
飲むだけで健康になれる！
これをするだけでモテる！

こんなふうに、今すぐ効果が出るというキャッチコピーに踊らされていませんか？　これは、**焦りを抱えている状態**です。
人は未来予知ができないため、「このままずっとお一人様だったらどうしよう」「将来、貯金が底をついたらどうやって暮らしていけばいいのだろうか」

など、未来に不安を抱き、今のうちに何かしておかなければと思いがちです。

不安になると、インターネットでいろいろ調べますよね。でも、不安のまま探しているので、不安な情報ばかりが目につき、どんどん焦りへと変わっていくのです。

すると、焦りを今すぐ解消したいという心理が働き、すぐに結果が出るものに飛びついてしまいます。しかし、焦りをなくしたいために行動するので、欲しい結果を得ることはできません。

こうして焦りを穴埋めするために、高額な商品だったり、異性だったり、セミナーなどに飛びついて、結局、何も埋まらないという状況が続いてしまうのです。

不安や焦りを持つ人は、「今の自分ではいけない」と思っています。もっとちゃんとしなければと、完璧な自分を目指して、負のスパイラルに陥っているのです。

しかし、人は誰でも、秀でている部分とそうでない部分の両方を持っています。だいたい、すべてが秀でている人など存在せず、ある部分が秀でていれば、それでいいのです。**いい部分もそう思えない部分も全部ひっくるめて自分。それこそがありのままの自分**なのです。

龍神は、あなたの秀でている部分を伸ばすことで、成長、発展してほしいと思っています。ですから、**できていない部分に焦点を当てるのではなく、できている部分に焦点を当てていきましょう。**

すると、自分のイメージが好転し、自分は価値ある存在だと思えるようになります。そう思えるようになれば、不安や焦りは消えていきます。

◎自分の悩みがちっぽけに感じるワーク

不安や焦りでいっぱいになったときに試してほしいワークをお伝えします。

それは、神社のご神木や公園などにある、**樹齢の長い大木の前に立って、いか**

に自分の存在がちっぽけであるかを認識してみるというものです。

何百年、何千年という樹齢の大木であれば、戦国時代、江戸時代、明治維新、そして、数々の人間が繰り広げるドラマをずっとその場で見守ってきたことでしょう。そんな大木の前に立つと、数十年しか生きていない自分の悩みなんてささいなことかもしれない、と思えるようになります。

それは、視野が広がるからです。今まで、視野が狭く悩みしか見えなかったのが、視野がぐ～んと広がってなんとかなると思えるようになるのです。

そうなると、龍神も力を貸すことができます。龍神からのサポートを受け取る準備ができるからです。実際に助けてくれる人の存在が目に入ってきたり、不安に思うほど状況は悪くならないことがわかったりするでしょう。

不安や焦りにまみれてしまったときは、視野が狭くなっている自分を自覚して、ぜひ大木の下で雄大な時の流れを感じてみてくださいね。

また、181ページで紹介した「感情と事実を切り分けるワーク」も効果的です。

大まかな目標を立てたら、あとは龍にお任せ！

目標を立てて進むことは、龍神思考になるために必要ですが、細かく目標を立てすぎないということも大事です。

たとえば、今は会社員の人が、３年後に海外移住を目指して、準備をしているとします。その場合、資金を貯めたり、英語を勉強したり、海外での住む場所、生活、仕事を調べたりなど、やることはたくさんありますよね。

そこで、ひとつひとつ一から計画を練って学ぶという方法もありますが、それに固執せずに、とりあえず英語を習いながら海外移住のためのアンテナを立てておくことで、もしかしたらキーパーソンとなる人に出会って、一足飛びに人脈をつないでくれたりなど、目標が叶うこともあるのです。

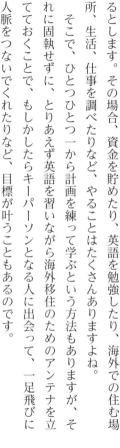

それは、龍神からのご褒美。よくやってるね、がんばってるからチャンスをあげよう！　と大躍進のプレゼントをしてくれるのです。

ところが、英会話を習う、資金を貯めるために外食をやめる、海外での生活を詳しくシミュレーションするなど、決めた目標は絶対にこなさないといけないと思ってしまうと、せっかく龍神がくれた大チャンスも見逃してしまいます。

ですので、大まかな目標だけ立てて、どんなプロセスでその目標が叶うのかまでは決め込まず、ワクワクして待ちましょう。龍神におまかせすればいいのです。

人間関係にしても、人にまかせることが苦手でなんでも自分でやってしまう人を助けたいとは思わないですよね。龍神もそれと同じです。

私は、**大まかな目標だけ立てて進むことを「旗を立てる」**と伝えています。旗さえ立てていれば、どんなルートでそこに進んでもいいのです。誰とどこで出会えるかなんて未来予知のできない人間には所詮無理なこと。

大きな気持ちで、龍神にまかせてみることで、ベストな結果が得られるようになるのです。

太陽系の惑星のように、人間関係にも距離感を

ワーク6日目の神社参拝法の章で、何度も通う神社であれば、神様や龍神との距離を縮めていくお付き合いを、と言いましたが、まさに人間関係も同じです。

しかし、どのように距離を縮めればいいのかわからない、という人も多く、その場合、いつもお伝えしているのが「**太陽系の惑星をイメージして、人間関係の距離をはかる方法**」です。

この太陽系には、太陽に近い順から、水星、金星、地球、火星、木星、土星、天王星、海王星と並んでいますが、太陽を自分と考えると、Aさんはどの惑星

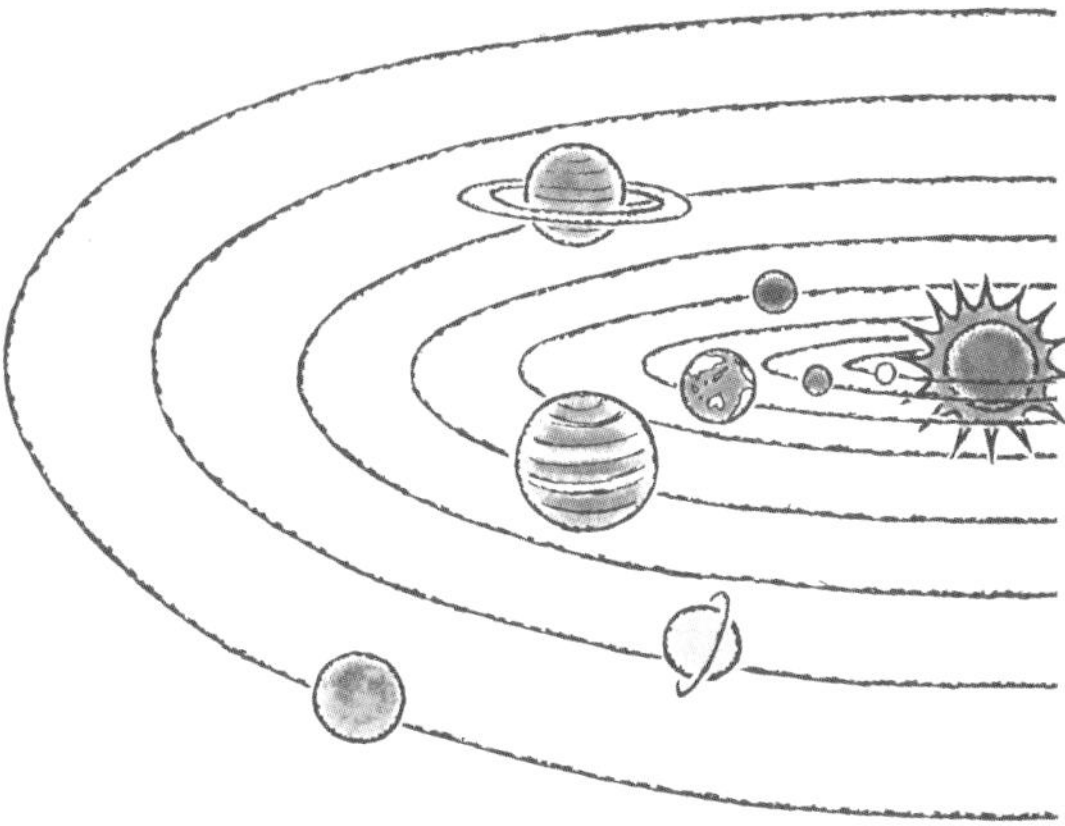

の位置か、Bさんはどの惑星の位置か、というふうに、惑星に換えて距離感をはかってみます。
たとえば、初めて会ったCさんとは、最初、海王星の距離だったかもしれないけれど、何度か会ううちにとても意気投合してきたと思えば、火星くらいまで縮めてみればいいのです。
一方、友達のD子とは地球との距離だったけれど、最近お互いワガママを言いすぎてうまくいかなくなったと思ったら、木星くらいの距離に離してみます。

これを自分のなかでわかっておくだけで、事あるたびにD子にしていたLINEを少し控えてみたりできますよね。

自分に近い家族や恋人などは、水星や金星の距離に置いておきましょう。

こうして、常に相手との距離感をはかりながら、惑星の位置に相手を当てはめておくと、近すぎず遠すぎず、ほどよい距離感を生むことができるのです。

ほどよい距離感を保てる人は、一緒にいて心地いいので人が集まってきます。

周りから信頼の厚い人になるほど、この世に大きな影響を与える人になるので、龍神はそんなあなたに、どんどん力を貸してくれるのです。

妬む気持ちが起きたら、成長のチャンス

幸せそうな人、成功している人を見ると、どうしても妬んでしまう……。そういう自分がイヤだ、という人も多いのですが、龍神は妬みの感情を嫌うわけではありません。妬んでもいいので、それを自分の成長に転換させればいいのです。

龍神が嫌うのは、妬みのまま相手の足を引っ張る行為です。

たとえば、自分よりもできないと思っていた人が、新しいプロジェクトチームに抜擢されたとします。そんなとき、あなたは「なんで、よりによってあの子が選ばれるの?」と悔しさでいっぱいになるでしょう。その人が新しいチームでイキイキしている姿を見ると、よけいに腹が立って冷たい態度をとってしまったり、意地悪をしたくなるかもしれません。

そんな気持ちが湧き出たときは、**「龍神は成長する人に力を貸してくれる」ということを思い出しましょう。**そう考えれば、相手が抜擢された理由があるはずです。それを見つけて、悔しいけれど自分にも取り入れればいいのです。

実は、この視点を持つと、急に相手のいい部分が目に入ってきます。妬んでいるときは、相手のよくない部分しかフォーカスできないのですが、**相手から学ぼうという姿勢を取り入れた瞬間、自分の成長のために取り入れられる点が見つかる**のです。

妬んでしまう気持ち自体は、悪いものではありません。妬んだままマイナスのスパイラルを描くのか、成長するための学びとして、プラスのスパイラルに変えるのか、あなたの心がけ次第で、龍神のサポートをもらえるかどうかが決まるのです。

◎妬まれたら、ポジティブな「光の言葉」を集める

では、自分が妬まれる立場になったら、どうしたらいいでしょうか？

今は、面と向かって妬まれるよりも、ＳＮＳなどネットを通して批判や否定的な言葉を投げつけられることのほうが多いかもしれません。

事実、妬みの言葉を受けると、心が動揺してしまう人も多いでしょう。そんなときは、現実的な対応として、批判や否定が書き込まれているＳＮＳを見ないことです。見るときは、「批判もあるだろう」と心の準備をして、情報収集の一環として見るようにしてください。

一方で、自分を評価してくれる人の言葉を集めます。私はこれを**「光の言葉」**と呼んでいて、**勇気づけられた言葉、元気が出た言葉などをストックしておくことをおすすめします。**

「丁寧に仕事をするところがいいね」「一緒にいると安心する」「笑顔がステキだね」など。こんなに自分のことを思いやって、応援してくれる人たちがいると思えると、妬みが目に入らなくなってきます。

もうひとつの方法は、**「自分は妬みは受けない」と決めること**です。龍神は、決めることのできる人が大好きですから、あなたが「妬みを受けない」と決めると、本当に妬みを耳にしなくなる現実が起こるのです。

たしかに、恨みの念（エネルギー）は存在しますが、そんなものは自分の世界には関係なくて、自分のやるべきことを着実にやっていれば、たとえ妬まれても、全く自分には関係なく終わるのです。

◎奥の手は「龍神、助けて〜」と頼る

龍神思考になるために、さまざまな思考転換法をお伝えしてきましたが、それでもどうしてもうまくいかない、なんとかしたい、という場合は、最後の頼

みの綱として、**神社で「龍神、助けて〜」と、龍神を呼び出しましょう。**

いくら龍神は人間のコーチを買って出ているとはいっても、無理をさせて壊したいわけではありません。他人には「助けて〜」と頼ることができない人も、龍神にになら言えますよね。

すると不思議なことに、龍神は本当に助けてくれる人を連れてきてくれます。人間と神様の次元が交流する場である神社で龍神に助けを求めることで、あなたの想いをスピーディーに受け取ってくれるのです。

どんなにつらいことがあっても、龍神は必ずあなたのそばにいてくれます。ですから、一人で抱え込まず、なんでも龍神に相談して、お願いしてみてください。

龍神は「よくなりたい」というあなたの気持ちを嬉しく思い、そのために頼られるなら、ぜひ力になりたいと願っているのです。

少しずつ「龍神思考」を取り入れる努力をしていくことで、気がつけば、龍神に愛され、龍神が手放したくない人になっているはずです。

龍ワークで、ミラクルが実現！

龍神と協働できるようになると、人生に劇的な変化がもたらされます。最後に、龍神ワークを通して、幸せをつかんだクライアントたちの体験談をお伝えします。ぜひ、龍のパワーを感じてください。

◆家族仲がよくなり、収入アップで、絶好調！

誰が見てもハッキリわかるくらい、大きくキレイな龍雲を目にし、龍への関心が増していったときに、大杉さんの「龍使い養成講座」に出会いました。講座を受けたあとから、新しい出会い、人のご縁がどんどん深まり、家族の仲も収入面も、すべてが好循環。まさにこれが「龍の成す力」だと感じています。

パワーストーンを扱った仕事をしていますが、目に見えないエネルギーが本当にあることも自信を持って伝えられるようになり、壮大な龍神のエネルギーで後押しできることが嬉しいです。龍に関心を持ってから、2か月も経たない間に全く予想もしていなかった世界を歩いているなんて、龍のおかげだと感謝しております。

（K・Nさん、40代女性）

◆神社参拝を通じて、龍神パワーを実感！

神社参拝ツアー「神旅®」に参加し、神様や龍神とのご縁を深めるため、100日間参拝を続けていたら、いつの間にか対人関係のストレスが軽減され、同僚から「最近、何かいいことあったんですか？」と聞かれるくらい表情が柔かくなりました。

また、お財布を新調したところ、その月の給料が倍増！　龍神の後押しを実感し、毎日、感謝でいっぱいです。

（T・Tさん、40代男性）

◆体調が回復し、希望の勤務先に転職

外科病棟の看護師として、11年間忙しく勤務してきましたが、40歳頃から疲れを感じるようになり、右膝半月板損傷、子宮内膜症、卵巣嚢腫による貧血、肺炎などケガと病気続きに。そんなとき、「龍使い養成講座1」「龍神指針セミナー」に参加し、教えていただいたヒーリングを1か月続けると、体の重だるさが軽減して、仕事をするのが楽になっていることに気づきました。

また、現状を立て直すために退職。希望する新しい職場に転職することができました。人生をよりよく歩くために龍神と協働すれば、心強い味方になってくれると確信しています。

（K・Yさん、40代女性）

◆一生独り身を覚悟した私が、スピード結婚

仕事ばかりの毎日で婚活も不調。お一人様を覚悟してマンションを購入しようとしたところ、母に大反対されて契約3日前にキャンセル。そんなとき、ネット検索をしていたら、偶然大杉さんのブログにたどり着き、コンサルティ

ングに申し込みました。

大杉さんに、「お母様に感謝してくださいね。マンションは結婚してから買ったほうがいいですよ。龍神が、もうお相手を連れてきていますよ」と言われ、「どんな人ですか？」と聞いたら、「京都に関係ある人です」と答えてくださいました。5日後、京都出身の男性と出会い、食事に誘われとんとん拍子に話が進み、スピード結婚へ。龍神が運んでくれた奇跡の巡り合わせに感謝しています。

（N・Aさん、40代女性）

季節の移り変わりと運気の動きはリンクする

カレンダーには立春、雨水《うすい》、啓蟄《けいちつ》、春分などの言葉が書かれていますよね。これは、1年の太陽の動きを24等分したもので「二十四節気《にじゅうしせっき》」と呼ばれています。日本が明治時代の初めまで使用していた太陰太陽暦（月と太陽の運行を考慮してつくられた暦・旧暦）で、季節をあらわすために用いられていたものです。

エネルギー的に見ると、季節の移り変わりを示す二十四節気は龍神の動きともリンクしています。たとえば、冬になると家のなかでじっとしたくなりますよね。それは、冬眠する動物がいるように、体が冬仕様になっているからです。

龍神は人間の成長を促すコーチではありますが、冬の時期に夏のように活動的にがんばらせることはありません。冬はインプットの時期ですから、いろいろな人と関わって情報交換できるようにするなど、季節に合わせた課題を出してくれるのです。

春分〜夏至

これまで蓄えていたものを少しずつアウトプットしながら、スタートする時期。いきなり動き出すと失敗も起こりやすいので、調整・修正しながら、スムーズに進んでいけるように動く時期です。

夏至〜秋分

全速力でダッシュする時期。持てるものすべてをフル活動させて動くことで、さまざまな経験をする時期です。

秋分〜冬至

全速力で走って手に入れたものを収穫しながら、次の年につなげるために整理して計画していく時期です。

しっかりインプットして、次の年に花開く準備をする時期。春分は、宇宙元年と言われるように、エネルギー上の新年に当たるので、立春から春分までを正月期間ととらえ、前年から翌年の運気に切り替わる移行期間と考えましょう。春分から動けるように、ウォーミングアップしておくと、スムーズなスタートが切れます。

冬至〜春分

また、春分、夏至、秋分、冬至の前後2週間は次の季節に移り替わるための移行期間です。徐々に移行する期間と自覚すると、龍神のエネルギーも入りやすくなります。

龍神の動きと季節エネルギーの関係

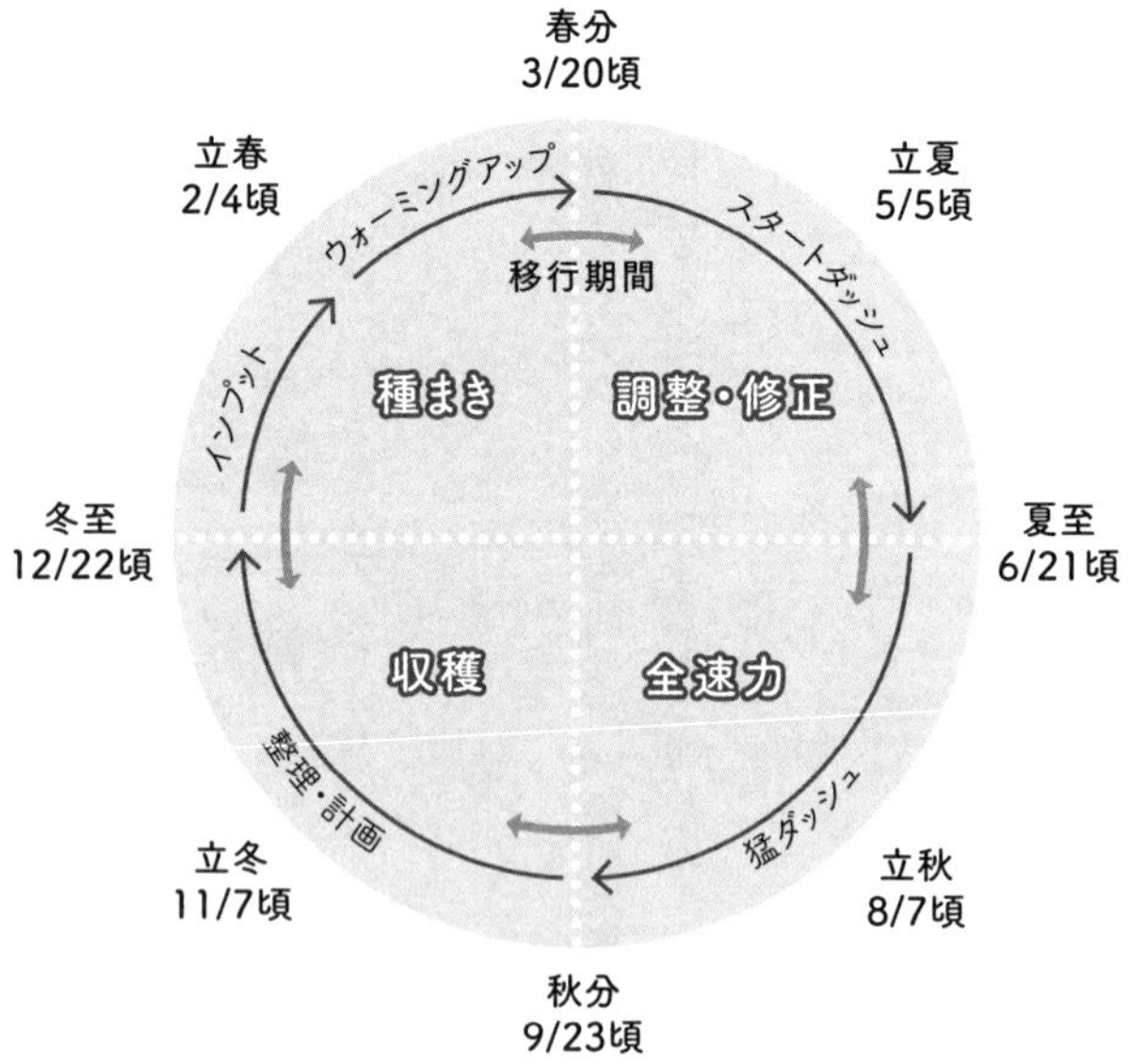

龍の強力な後押しが入る「ドラゴンパワーデイ」をチェック！

1年のなかには龍の後押しが入りやすい日、いわゆる「ドラゴンパワーデイ」がいくつかあります。たとえば無限の循環をあらわす龍が勢いづくのは、∞を縦にした「8」のつくとき。ですから、12か月のなかで、8月はもっとも龍神のサポートを受けやすい月、なかでも、8が続く8月8日は、1年のなかでもっとも龍神の追い風を受けやすいので、「ここぞ」というお願いをしに神社に行ったり、引っ越し、登記、世に発表したいものをまとめたりなど、新しいことを始めるのに最適です。

龍の後押しを得たいときは、ドラゴンパワーデイに実行すると、とてもスムーズに物事が運ぶ可能性大です。本書の付録『龍神ご縁御守り』を見ながら、お願い事が叶った未来の自分をイメージするのもよいでしょう。

次に紹介する「ドラゴンパワーデイ」を手帳にチェックして、日付に丸をつけたりして、龍神と協働していきましょう。

◎8がつく日

新しいことを始めたり、お願い事をしたりすると最適。

1月8・18・28日
2月8・18・28日
3月8・18・28日

4月8・18・28日
5月8・18・28日
6月8・18・28日

7月8・18・28日
8月8・18・28日
9月8・18・28日

10月8・18・28日
11月8・18・28日
12月8・18・28日

◎五節句

季節の節目を「節」といい、年間で定められた節の日。中国の暦で、奇数は「陽」、偶数は「陰」とされていたことから、奇数月の月と日が重なる日は、陽が極まり陰が生じると考えられ、邪気祓いをおこなったことが由来です。
五節句は、龍神のエネルギーが大きく動くので、想いや志を誰かに伝えたり、交渉したりなど、何かをアウトプットするといいでしょう。ただし、感極まりやすくなるので、言わなくていいことまで言ったりしないよう自制を心がけて。

1月7日（人日の節句）　3月3日（桃の節句）　5月5日（端午の節句）
7月7日（七夕の節句）　9月9日（重陽の節句）

◎鏡写しの日

数字が鏡写しのように、月と日が反転している日。この日は、龍神の後押しを受けて、一気にステージを上げやすいので、昇進、転職、起業、結婚など、次のステージへ移るためのお願いをするといいでしょう。

10月1日（1を01と見る）　11月11日　12月21日

EPILOGUE

私は龍神たちや神様方との神脈つなぎのために、全国各地を巡り、必要なときには海外にも足を運んでいますが、伺う先々で龍神たちのさまざまな想いを受け取ったり、私たち人間に向けての願いを聴いたりします。

そこでいつも感じるのは、龍神たちは人間を幸せに導こうと、常にサポートしたいと思っていること。

この本では、そんな龍神たちの想いを受けて、お互いに自力を発揮し合い、協働していけるように、ワークを中心に紹介させていただきました。

龍神たちが伝えたいことは、次の3つです。

❶チャレンジすること

❷自ら意思決定をおこなうこと
❸目的意識を持って日常を過ごすこと

ただ知識を得るだけでなく、実践しながら目に見えない力と協働してこそ、あなたの望む現実を手に入れることができるようになるということです。

ワーク形式になっているこの本で、ぜひ実践の習慣をつけましょう。三日坊主になってしまう方も、まずは3日続けてみてください。3日続けると、きっともう少しがんばってみようと思えるはずです。

こうして、1つ、2つ、3つと続けた先に、あなたの望む未来が待っています。ひとつひとつ積み重ねていくことで、自分が持っている力や可能性に意識が向くようになり、龍神からの後押しを感じるための感知力も磨かれていくでしょう。

また、ワークを実践することで、新しい時代の価値観を取り入れることにつながり、流れに乗りながら、いつしかお金と幸運が巡っている自分に気づけるようになっていきます。

最後に、元マガジンハウスの向笠公威さん、文庫化の編集とデザインを担当してくれた三笠書房の皆さん、チア・アップのＲＩＫＡさん、装丁画を描いてくださった立原圭子さん、イラストレーターのナツコ・ムーンさん、そしていつも応援してくださっている読者の皆様、全国各地の龍神たち、神様方。

多くの方々の他力あって、一冊の本という形にすることができました。

この場をお借りして、エネルギーを向けてくださった皆さまへ、厚く御礼申し上げます。

この本が、龍神たちとあなたの神脈つなぎの一助となれば幸甚に存じます。

大杉日香理

本書は、マガジンハウスより刊行された『龍のご加護でお金と幸運を引き寄せる7日間ワークブック』を文庫収録にあたり改題のうえ、改筆したものです。

龍《りゅう》の後《あと》押《お》しで、お金《かね》と幸運《こううん》を受《う》け取《と》る

著者　大杉日香理（おおすぎ・ひかり）
発行者　押鐘太陽
発行所　株式会社三笠書房
〒102-0072 東京都千代田区飯田橋3-3-1
電話　03-5226-5734（営業部）03-5226-5731（編集部）
https://www.mikasashobo.co.jp
印刷　誠宏印刷
製本　ナショナル製本

 ISBN978-4-8379-3069-3 C0130

王様文庫

王様文庫

大木ゆきの
「運のいい人」は手放すのがうまい

こだわりを上手に手放してスパーンと開運していくコツを「宇宙におまかせナビゲーター」が伝授！　◎心がときめいた瞬間、宇宙から幸運が流れ込む　◎「思い切って動く」とエネルギーが好循環……心から楽しいことをするだけで、想像以上のミラクルがやってくる！

SHINGO
龍神のすごい浄化術

龍神と仲良くなると、運気は爆上がり！　お金、仕事、人間関係……全部うまくいく龍神の浄化術を大公開。◎目が覚めたらすぐ、布団の中で龍にお願い！　◎考えすぎたときは、ドラゴンダンス！　◎龍の置物や絵に手を合わせて感謝する……☆最強浄化パワー、龍のお守りカード付き！

SHINGO
龍神のすごい開運日

開運日と龍神様を信じたとき、奇跡が起きる！　運気が急上昇する、開運アクションを伝授。◎一粒万倍日→新しいチャレンジで人生が輝く！　◎寅の日→黄色の服を着ると金運アップ⁉︎
◎大安→他人の幸せを願うと、いいことが起きる！……龍の最強開運日お守りカード付き！

K30645